Yurio Seki

Japanese
Graphic Designer

セキユリヲのデザイン　サルビアの活動記録とグラフィックワーク

GW00599277

セキユリヲは、やわらかくあたたかく、色彩豊かな図案を描くグラフィックデザイナー。雑誌のアートディレクションとデザイン、書籍の装幀やパッケージデザイン、CDジャケットやロゴデザインといったグラフィックデザインを幅広く手がけています。2001年に「サルビア」というブランドを立ち上げ、「ささやかだけれど、生活をたのしくするもの」をテーマに、図案を用いたテキスタイルや洋服、インテリア雑貨、書籍を数多く発表しています。サルビアの活動は、日本の伝統的なものづくりの追求へと広がり、日本各地の伝統工芸の職人と組んで作品を制作しています。旅行が好きで、いつもどこかへ行くことを考えているセキユリヲの大きな目標は、「旅をしながらデザインすること」。彼女のデザインは、旅と日常生活の狭間から生まれます。本書は、そんなセキユリヲの図案や仕事、作品を収録しています。グラフィックデザイナーの枠を超えたものづくりの軌跡をご覧ください。

Yurio Seki is a graphic designer who draws warm, mellow, brightly colored designs, and whose portfolio includes everything from magazine art direction and design to bookbinding and package design, CD jackets and logos. In 2001 she launched the "salvia" brand, and since then has unveiled a myriad of textiles, apparel, interior goods, books and more, all using her designs and inspired by the desire to create "little things that make life more fun." Salvia's range now extends to the pursuit of traditional Japanese craftsmanship, a move that has seen Seki team up with artisans all over Japan to produce some fascinating pieces. Seki loves to travel and always has her next adventure in mind, so being able to design along the way is one of her main aims, and it is from the space between traveling and everyday life that her designs emerge. This book documents Yurio Seki's designs, career, and work. Welcome to a world of creativity and craftsmanship a step beyond the conventional brief of the graphic designer.

contents

9　サルビアの活動記録　Records of Salvia activities

26　サルビアの色　Salvia colors
30　みどり　Thoughts on green
36　ももいろ　Thoughts on pink
42　きいろ　Thoughts on yellow
48　むらさき　Thoughts on violet
54　あお　Thoughts on blue
60　ちゃいろ　Thoughts on brown
66　しろ　Thoughts on white

72　人のつながりで生まれた仕事
74　草木染めのカットソー
76　アイヌ刺繍のポーチ
78　美篤堂の手製本
80　おばあちゃんの帯ひもトート
82　木版画の散華と封筒
84　サルビア給食室
86　樹の音工房のうつわ
88　江戸木彫のブローチ
90　裂き織りのぞうり
92　はぎれを使った布ナプキン

94　季刊サルビア

102　グラフィックパターン　Graphic patterns

157 グラフィックワーク Graphic work

158 書籍の装幀　　　　　　Book design
226 パッケージデザイン　　Package design
238 小さなグラフィック　　Small graphics
250 音楽のデザイン　　　　CD jacket design
262 カタログ・パンフレット Brochure design
270 子どものための仕事　　Design for kids
276 文字のデザイン　　　　Typographic design
282 Re;foRm

296 これまでの道のりと大切にしていること

305 旅の写真　Travel photos

PIE BOOKS

2-32-4 Minami-Otsuka, Toshima-ku, Tokyo   http://www.piebooks.com
170-0005 Japan   e-mail: editor@piebooks.com
Tel: 03-5395-4811 Fax: 03-5395-4812   sales@piebooks.com

ISBN978-4-89444-649-6   Printed in Japan

サルビアの活動記録

Records of
Salvia acitivities

Photographs: Machiko Odan

植物が
好きです

ノートに貼った
葉っぱから

ちいさな宝箱
できた

石けんのあわから
ルームシューズできた

りんごの実から
あめだま入れできた

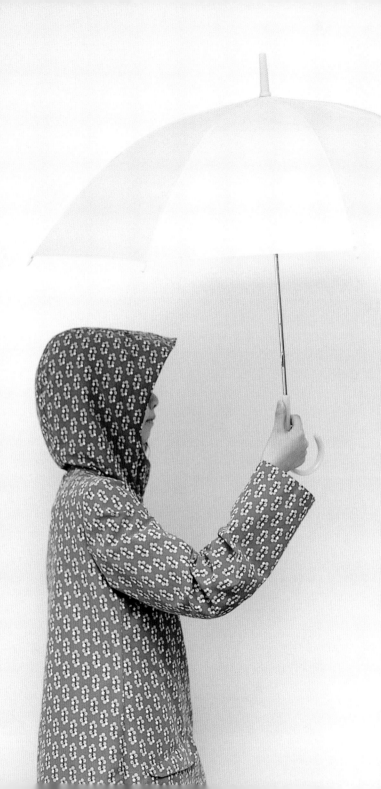

雨がふったら
レインコートできた

てくてくしてたら
くつしたできた

いつも いつも
考えている

いろんな色から
生まれるもの

サルビアの色

Salvia colors

みどり

Thoughts on green

みどりはいちばん好きな色です。なぜなら葉っぱの色だから。山や森で目に
する新緑の淡い色から針葉樹の濃い色まで──いろんなみどりの集合体その
ものがきれいだなと思います。雨上がりの葉っぱもすごくきれい。植物のみ
どりは目にやさしくて、見ていると目がよろこんでいるような気がします。
わたしのパターンは自然をモチーフにしているので、そんな植物の美しさを
作品に定着させたくて、いつもみどりを使います。ちなみに、草木染めでは、
どんな植物を使ってもみどりには染まらないんですよ。みどりを出すには、
黄色の染料に藍色を重ねます。印刷でもみどりを出すのに苦労します。でも
そこがかえって魅力なのかもしれないですね。

写真：須田帆布のトートバッグ

左上から時計回りに、ボタン柄バッグ、バッジ、注染染めゆいぶくろ、こぎん刺しがまぐち、サルビアパターンブック、和綴じノート

右上は手ぬぐいで使われるもめんの布に注染染めを施したバッグ。染料をにじませたぼかしの効果で、色に奥行きを出している。

ももいろ
Thoughts on pink

ももいろは乙女の色。それは周知の事実です。サルビアの雑貨や洋服でも、ももいろは大人気。女の子の大好きな色ですから。個人的にも愛着のある色ですが、一方で、この色に対する気恥ずかしさもあります。だからわたしにとって、いつも体から遠くに置いてしまい、身につけることはほとんどない色でもあります。そして、わたしがつくるももいろは、鮮やかなピンクではなく、サーモンピンクや肌色や土のような色。草木染めでは茜という植物で染めた色が好きです。挿し色としてほかの色と合わせることが多いですね。黒やグレーといった無彩色の中に合わせるのが大人っぽくて気に入っています。

写真：草木染めのガーゼハンカチ、ハンドタオル、バスタオル

左から布ナプキン、ラッピングペーパー（マークス）、個展招待状、書籍『サルビア歳時記』、マッチ、草木染めカットソー
マッチは、2000年にはじめてつくったプロダクト。そば屋のマッチのイメージで、自分の名前を入れて名刺代わりに使っていた。

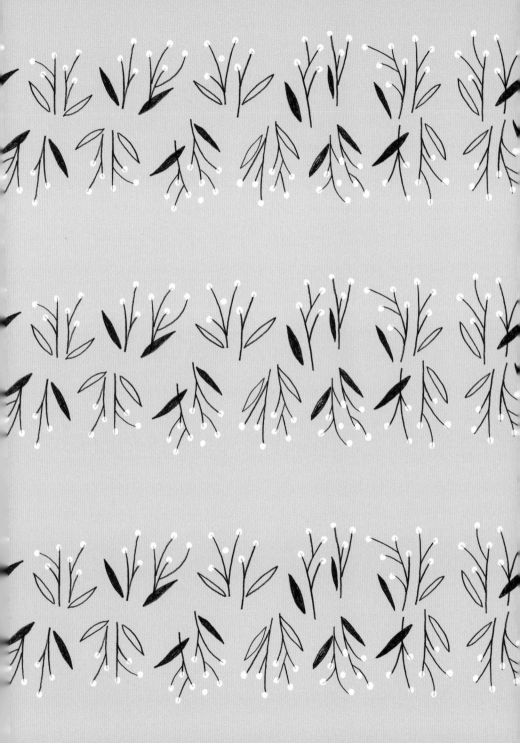

きいろ
Thoughts on yellow

きいろの中でも、芥子色のようなくすんだ色が好きです。わたしにとってきいろは元気が出る色。今日はがんばろう、という日にこの色のエプロンをつけると、元気になりますね。ももいろ同様、きいろは挿し色として、とくにグレーに対して使うのが好き。スウェーデンの地下鉄の地図を見たときに印象に残った色の組み合わせです。淡くてやさしいたまご色は、洗練されたスウェディッシュ・デザインのイメージです。北欧や最近訪れたウズベキスタンで食べたたまごは、ほんのりとしたやさしい色をしていました。たまご焼きの色を見ると、すごく幸せな気持ちになるのです。

写真：ラッピングペーパー（マークス）

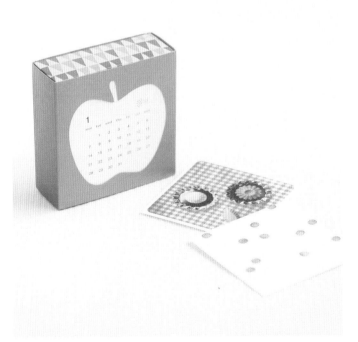

左上から時計回りに、注染めてぬぐい、木版画散華カード、注染めエプロン、ポスターバッグ、タオル、カレンダー（マークス）

右下は、2回目の個展でつくった型紙ポスターを印刷するときに、汚れたり破れたりした紙を再利用したポスターバッグ。

むらさき
Thoughts on violet

むらさきは、上品に使いたくなる色。上手に使うと品が良く見えるし、大人っぽく見える。使い方を間違えるとけばけばしくなってしまう、ちょっと難易度の高い色です。淡くして、面積もそんなに大きくなく、アクセントとして使うのがいいですね。むらさきを使うと、個性が出るんです。幻想的な世界を出したいときや、シックな雰囲気を出したいとき、この色を使います。ピンクやみずいろといった淡い色と合わせても子どもっぽくならない。それは、やっぱり色が持つ品格のようなものがあるからでしょうね。草木染めでは、茜で染めた後に鉄焙煎すると、落ち着いたむらさきになります。その色には、なんともいえない豊かさがあります。

写真：サルビアレターセット（マークス）

左上から時計回りに、がまぐち、タグ（マークス）、ぬいぐるみ（マークス）、アイヌ刺繍ポーチ、ラッピングペーパー（マークス）、裂き織りぞうり

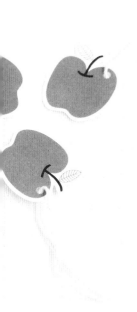

トレーシングペーパーに印刷したラッピングペーパーは、透ける紙をあてると、下の模様や色がやわらかくなる感じがいい。

あお
Thoughts on blue

水や空の色、紺や藍色など、あおはいろいろな表情を持つ色。わたしにとってあおは高貴な印象があって、身につけると背筋がすっと伸びる気がします。蓮の柄のように淡く使っても甘くなりすぎないところも、好きな理由のひとつです。そして、藍の出す色はあおの中でもとくに好きな色です。いつか自分で藍を育てて染めものをしたいというのがわたしの小さな夢ですね。藍染めをしていると不思議なことが起こるんですよ。染めが終わって鍋から出してしぼった瞬間、その布がパッと緑に変わってすぐに藍色に戻るんです。植物のような黄緑色っぽいきれいな色で、まるで空気に触れたときに藍が植物だったことを思い出すみたい。それは、染める人だけが見ることのできる魔法のような気がします。

写真：ながぐつ（salvia roomy）

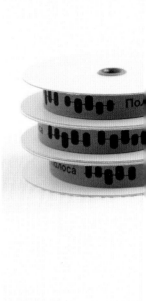

左上から時計回りに、おてだまバッグ、パラサリボン、タートルカットソー、ルームシューズ、草木染めTシャツ、ノート（マークス）

クロスペーパーに図案を印刷した左下のノート。リネンのような質感で、図案の色がやわらかい印象に仕上がっている。

ちゃいろ
Thoughts on brown

ちゃいろは土の色です。見ていると心が穏やかになります。濃いちゃいろではなくて、どちらかというと、グレイッシュでやわらかい感じのちゃいろが好きです。なにかものをつくるときに、人が使いやすい色なんじゃないかな。わたしは「温かさのある無彩色」というイメージで淡いちゃいろを使います。挿し色としてピンクや赤を使っても、幼くなり過ぎないし、木の色でもあるから、みどりにもよく合います。調和を感じさせる、とても使いやすい色ですね。ちゃいろの中にはコーヒー色やココア色、チョコレート色もあって、そんなおいしいものを想像させる言葉にも魅かれてしまいますね。

写真：抜染クッション

左上から時計回りに、レインバッグ（salvia roomy）、ランチョンマット、
グラシンバッグ（マークス）、レターセット（マークス）、グリーティングカード（マークス）
サルビアをはじめて最初のころにつくったランチョンマット。デジタル印刷で生地の選択肢も少なかったけど思い出深い作品。

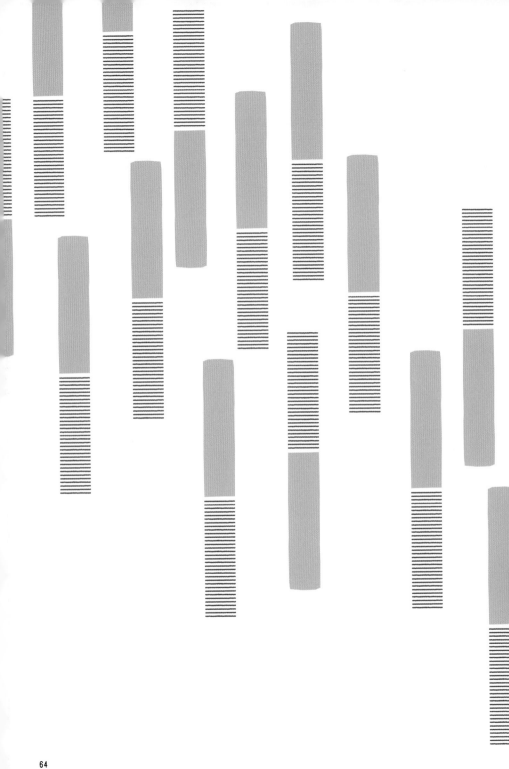

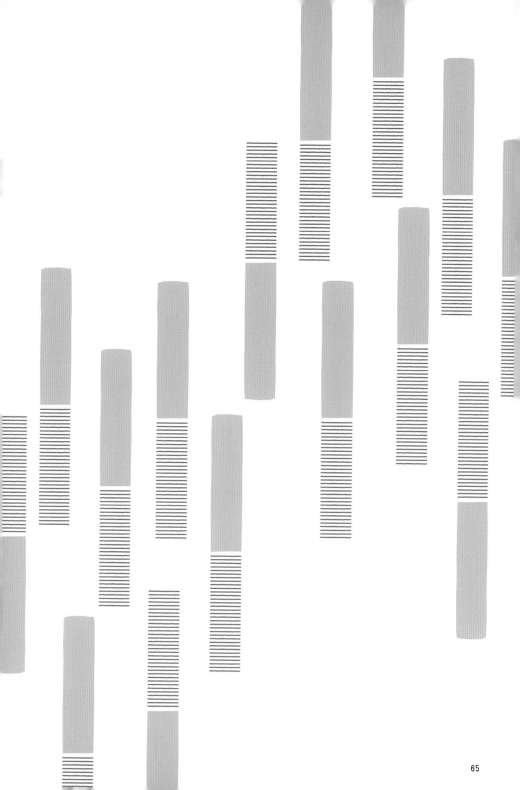

しろ
Thoughts on white

しろは、無垢な色。使いやすくもあり、使いにくくもあります。平べったく、さみしい印象にならないよう慎重に、繊細に表現します。とくに洋服をつくるときは、しろってもの足りないなと思うことがあって、しろい生地の上にテクスチャーの違うしろをプリントして、奥行きが出るよう工夫することもあります。わたしが好きなのは、陶器のしろ。ときどき陶芸教室に通って器をつくっているのですが、わたしがつくる器の色は、なぜかぜんぶしろになってしまいます。しろい土にしろいマットな釉薬をかけたり、しろい土に透明の釉薬をかけて、ほのかに土の色が出るようにしたり。温かみのあるやさしい色合いになるよう、こころがけます。

写真：合板をくりぬいた花器

左から、さかなのお皿、木彫ブローチ
さかなのお皿は、陶芸教室でつくった作品。上は透明釉をかけて、土の色が出ている。下は、白マットの釉薬をかけている。

衣・食・住
人の手から生まれる仕事を追って
日本中を旅しています

人のつながりで
生まれた仕事

サルビアは伝統的な技術をつかって
ものづくりをする活動体。サルビア
のプロダクトは、セキユリヲだけで
なく、かかわってくれたみんなのも
の。一緒にやっているスタッフ、信
頼できる職人さんやクリエイターな
ど、さまざまな人とのつながりがサ
ルビアを育てています。

草木染めカットソーを染めている
のは、京都の「天然色工房 手染メ
屋」の青木正明さんです。青木さん
は、奈良の益久染織研究所で修業を
した後、2002年に独立。工房で染
めた洋服の販売やワークショップ
を行いながら、クリエイターと組ん
でものづくりをしています。とても
視野が広くて、柔軟な考え方をする
人で、きっと草木染界の中でも新し
い存在なのだと思います。青木さん
の染める色は、普通の草木染めより
ワントーン濃いめというか、とても
個性的で、主張があるような色。わ

たしも草木染めの魅力にとりつかれ
て、自分でも染めるようになったほ
どです。そして、青木さんの仕事を
見たり、自分で染めるようになって、
手染めの大変さ——染める時間や染
液の温度などの細かい手順があるこ
とを知りました。機械で大量生産が
できるこの時代に、人の手で時間を
かけて染められたものを身につけら
れるのは、すごく贅沢なこと。だか
らこそ大事に着たいと思うのです。

草木染めの
カットソー

アイヌ刺繍のポーチ

ずっとアイヌ文化に興味があって、本を読み、魔除けの意味を持つアイヌの刺繍の大胆な文様や色づかいを見るうちに、アイヌの人たちが表現するかたちと生活様式に惹かれていきました。アイヌの刺繍を習いたいと思っていたとき、雑誌の取材で出会ったのが、落合麻里さんです。落合さんは、旅行で訪れた北海道の二風谷で出会ったアイヌ文化に魅せられて、何度も現地に足を運び、アイヌの刺繍を学びました。現在は東京で暮らしながらアイヌ刺繍の洋服や小物を制作しています。とって

も自由で、お日さまのような人。わたしが落合さんに刺繍をお願いしたいと思ったのは、そんな彼女の人柄だけでなく、伝統をリスペクトしながら新しいことをやりたいという同じ思いを持っているから。そして草木染めの布にやわらかい色の糸で刺繍を施したポーチができあがりました。図案は伝統的な文様を組み合わせたもの。テクンペという手の甲につける手ぶくろのかたちをモチーフにしています。

美篤堂は、1983年に製本職人の上島松男さんが創業し、熟練の仕事でつくられたオリジナルのステーショナリーの製造・販売や、手製本の受注、製本のワークショップを行っています。そんな美篤堂に興味を持ったわたしたちは『季刊サルビア』で特集を組み、御茶ノ水と長野を行き来して取材をしました。長野の工場では、松男さんと松男さんの甥の真一さんに、実際の製本作業を見せていただくこともできました。15歳で神田の関山製本に入って以来ずっと製本一筋でやってきた松男さん、松男さんのもとで修業を積んだ真一さん、そして、松男さんの娘さんで、御茶ノ水ギャラリーショップ店主の上島明子さんにお会いして、あらためて美篤堂の魅力に気づきました。それは、新しいアイデアだけでなく、松男さんから伝えられた確かな技術が、美篤堂のきめ細かなものづくりに生かされているということ。こだわってものづくりするからこそ、美しいものができるのだということでした。

美篤堂の
手製本

おばあちゃんの帯ひもトート

　きっかけは友人から預かった着物の帯ひも。これは、彼女のおばあさんがはぎれをつなぎ合わせたもので、端がフリンジのようになっていたり、布合わせが一本一本違っていて、おばあさんの個性が出ているよう。見ていると、わたしたちの祖母の世代の女性たちが、日常の中で普通に手仕事をしていたことが想像されて、この帯ひもがとても大切なものに思えました。これを残さないといけない、そして、これはおばあさんがほんとうに使っていたものだから、ちゃんと生かさないと意味がない——。そしてわたしたちは、シンプルなリネンのバッグをつくることにしました。一本ずつ幅も、素材も、強度も違うから、手仕事でないとこのバッグはつくれません。縫製をしてくれたのは、サルビアの縫製スタッフの塩澤夏希さん。だからこれは塩澤さんとのコラボレーションでもあるのです。すべて彼女の手仕事でつくられたこのバッグには、機械でつくったものとは違う温かさが出ています。

木版画の
散華と封筒

　雑誌『リンカラン』で「サルビア
手習い帖」という連載をしていたと
き、スタッフが提案してくれたのが
「散華」でした。散華は、お寺で儀
式があるとき、場を清めるために撒
かれる蓮の花びらのかたちをした紙
です。わたしたちはさっそく散華づ
くりをしようと、京都に旅立ちまし
た。そして、木版本の出版をしてい
る「芸艸堂」さんに紹介していただ
いたのが、彫り師の松田俊蔵さんと、
摺り師の市村守さんでした。木版画
の仕事は彫り師と摺り師がいて、は
じめて成り立つ仕事。だから、二
人の相性で仕上がりが決まるといい
ます。松田さんは、口数がすくなく
黙々と仕事をする職人一筋なかた。
市村さんは話し好きで、工房の一部
にショップスペースを設けたり、版
画のワークショップを行ったりと外
へ向けての活動も行っています。性
格は対照的なこのお二人ですが、長
年かけて培った確かな仕事のおかげ
で、宝物のような散華と封筒ができ
あがりました。

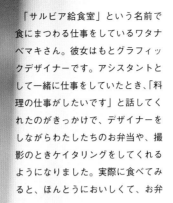

「サルビア給食室」という名前で食にまつわる仕事をしているワタナベマキさん。彼女はもとグラフィックデザイナーです。アシスタントとして一緒に仕事をしていたとき、「料理の仕事がしたいです」と話してくれたのがきっかけで、デザイナーをしながらわたしたちのお弁当や、撮影のときケイタリングをしてくれるようになりました。実際に食べてみると、ほんとうにおいしくて、お弁当の輪が広がり、ケイタリングのお仕事も増えてきたので、2005年に独立しました。ワタナベさんがつくる料理は、料理上手なお母さんに教えてもらった味を基本に、季節感や食感を大切にしたやさしいもの。デザイナーとしての見た目のこだわりもあって、同じ料理でもひと工夫加えてきれいに見せるのが得意です。一緒に仕事をしていた人が、こんなにすばらしい才能を持っていて、独立してちゃんと育っていくのが見られるのは、わたしにとってもすごくうれしいことです。

サルビア給食室

樹の音工房の
うつわ

　樹ノ音工房は、会津本郷で会津本
郷焼をつくっているご夫婦が開いた
工房です。季刊サルビアの陶芸特集
号を見てくれた奥さんの塚本朱音さ
んから「サルビアの器がつくりたい」
という連絡をいただいたのがきっか
けで知り合いました。もともと会津
本郷では茶色の土が採れるそうで、
樹ノ音工房の器はその土に白マット
のような釉薬をかけ、会津本郷焼の
中でも新しい感覚の器です。白い釉
薬の下に茶色い土がちょっと透けて
見えるのがいい味を出しています。
型を使ってかたちをつくり、最後に
縁を丸ませたり、立ち上がりを歪ま
せたりと手を加えているそうです。
作品を見たとき、一つひとつの器を
ていねいにつくっていることがよく
わかりました。だからわたしも一緒
にやりたいと思ったのです。サルビ
アの器は、色をつけず、彼らの作品
の良さを生かした素朴な感じを出す
ことに決めました。器のかたちも普
段つくっているものの中から選び、
表面に陶器のスタンプを押して模様
をつけています。

江戸木彫のブローチ

木彫のブローチをつくろうということになって、木彫刻の職人さんを探していたときに出会ったのが福島政山さんです。福島さんは、この道50年以上になる江戸木彫刻師で、東京都の伝統工芸士の資格を持っています。江戸木彫刻というのは、江戸時代に大工の棟梁の中から装飾専門の宮彫師が誕生したことからはじまり、欅や檜、桜などの素材を使った繊細で清楚なかたちが特徴。福島さんもお寺の欄間などの装飾彫刻を手がけていて、福島さんが彫る獅子や龍は、とても穏やかな表情をしています。ブローチをつくってもらう前に、わたしたちが紙粘土で試作したものを渡して、彫刻してもらいました。チークと薩摩杉を使ったブローチは、木目がきれいに出るように計算されていて、表面がとても滑らか。まさに熟練の技です。古くなればなるほど木目がくっきり出てくるように彫られているので、これからこのブローチがどんな表情を見せてくれるのかとても楽しみなのです。

裂き織りの
ぞうり

　ものづくりをしているとどうしてもできてしまうはぎれ。はぎれを使ってなにか新たなものづくりをしたいとずっと考えていました。そんなとき、パレットクラブで裂き織りぞうりづくりの授業を行ったという、由良直子さんを紹介してもらいました。由良さんは、「大地を守る会」でゴミとリサイクルを考える専門委員会「ゴミリクラブ」を立ち上げ、リサイクルに関する活動の一環として裂き布ぞうりづくりの講師をしています。こうした活動だけでなく、主婦としてご自身の生活の中で

も、工夫して「いらないもの」から新しいものをつくっています。ただもったいないからとっておくのではなく、なにかに生かすアイデアはないかと日々考え、思いついたらすぐに試してみるのです。でもそれは大変なことではなく、楽しいこと。職人や作家ではなく、しっかり地に足がついた生活者としてものをつくる由良さんと出会って、「もったいない」って豊かだなと感じました。

フリーペーパー『dictionary』の「mother」企画がきっかけで出会ったユーゴさんは、人間と環境にやさしいものづくりをしている人。ユーゴさんは自身のブランド「touta.」で、デッドストックの布や古着のハギレを使って布ナプキンをつくっています。布ナプキンは、女性の体にも環境にもやさしいものなので、使っている人がすこしずつ増えていますが、一方で、使うことに抵抗を感じる人もたくさんいるようです。わたしがtouta.の布ナプキンをいいなと思う

理由は、ものとして「かわいい」と思えること。かわいいから使いたくなる、そういう入り方もあっていいはず。そこにサルビアの布を使ったら、わたしたちのやりたいことをわかってくれている人たちが手に取りやすくなるんじゃないか、そんな思いから、touta.と共同でサルビアの洋服の残布を使って布ナプキンをつくりました。これを入り口に使う人が増えて、心地良いと思ってくれたらいいなと思うのです。

職人さんに教えてもらった
あんなこと、こんなこと──
それをまとめたのが
『季刊サルビア』です

『季刊サルビア　vol.1
四国・今治　タオルのできるまで』

記念すべき第一号は、ものづくりの過程こそおもしろ
い、というコンセプトのもと、綿花から撚った糸がで
きて、織り機にかけるとパイルのタオルができる、と
いう工程を、模様の紙や綿、毛糸を使ったコラージュ
で表現しました。

ほつれることのない
丈夫なタオルをつくるために
糸を巻きつけ、ととのえます

『季刊サルビア　vol.2
京都　木版画・散華のできるまで』

お寺の儀式で、場を清めるために使われている、蓮の
花びらをかたどった紙「散華（さんげ）」に興味を持ち、
京都の木版画職人に制作してもらった一冊。木の板を
彫り、顔料で刷る、という昔ながらのやり方を追って
います。初版には現物の散華が付録に。

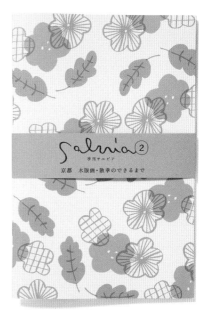

『季刊サルビア　vol.3
草木染め・自然の色ができるまで』

玉ねぎ、栗のいが、びわの葉など、身近な植物を使ってきれいな色の染色ができるのをご存知ですか。どんな植物も、それぞれの色を持っているのです。この号では、スニーカーやハンカチを自分たちで染めました。キッチンでできる簡単な草木染めのすすめです。

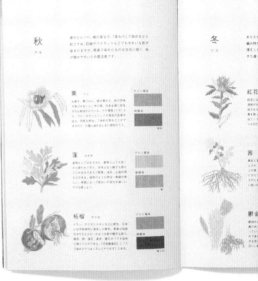

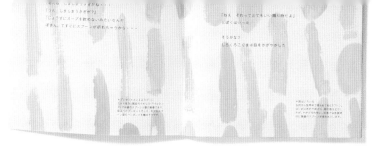

空豆とエビの柚子塩あんかけ・玄米ご飯

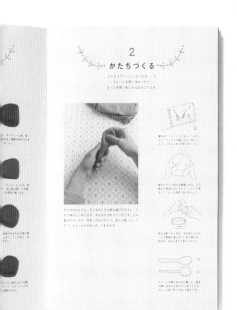

2
かたちつくる

どんなスプーンにしようかな──と
イメージを思い浮かべてから、
そっと手早く形にするのがコツです。

『季刊サルビア　vol.4
陶器のスプーンができるまで』

しばらく通い続けている「みづゑ陶芸教室」の先生が
たにご協力いただき、スタッフ全員で陶器のスプーン
をつくりました。毎日使うものを自分の手でつくると、
ものを大切にする気持ちが芽生える、そんな当たり前
のことに気づかされました。

『季刊サルビア　vol.5
裂き織り・いらない布がよみがえるまで』

サルビアで服やバッグをつくったときに出る「はぎれ」を、ずっと何かほかのかたちにしたいと思っていました。紙の枠をつくって、工作気分で裂き織りのコースターをつくったり、由良直子先生に教えてもらって裂き布のぞうりをつくったりと、楽しい号でした。

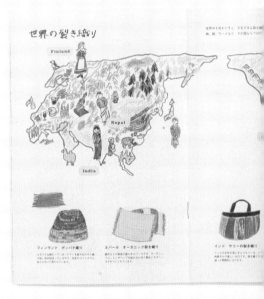

世界の裂き織り

フィンランド ポッパナ織り

ネパール オーガニック裂き織り

インド サリーの裂き織り

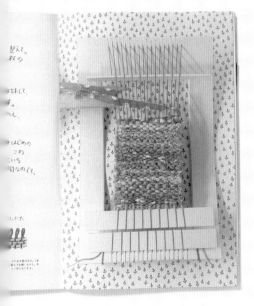

素足にふっくらやわらかい
裂き織りサンダルで
夏をはじめましょう

『季刊サルビア vol.6
東京→長野 美篶堂の本ができるまで』

グラフィックデザイナーとして、東京・お茶の水に置いてある美篶堂の製本には前々から敬意を抱いていました。今回は長野の工場を訪問。どこまでも深く追求する製本職人さんの姿勢に、心を打たれました。ていねいな仕事とはこういうことを指すのです。

GRAPHIC →
PATTERNS

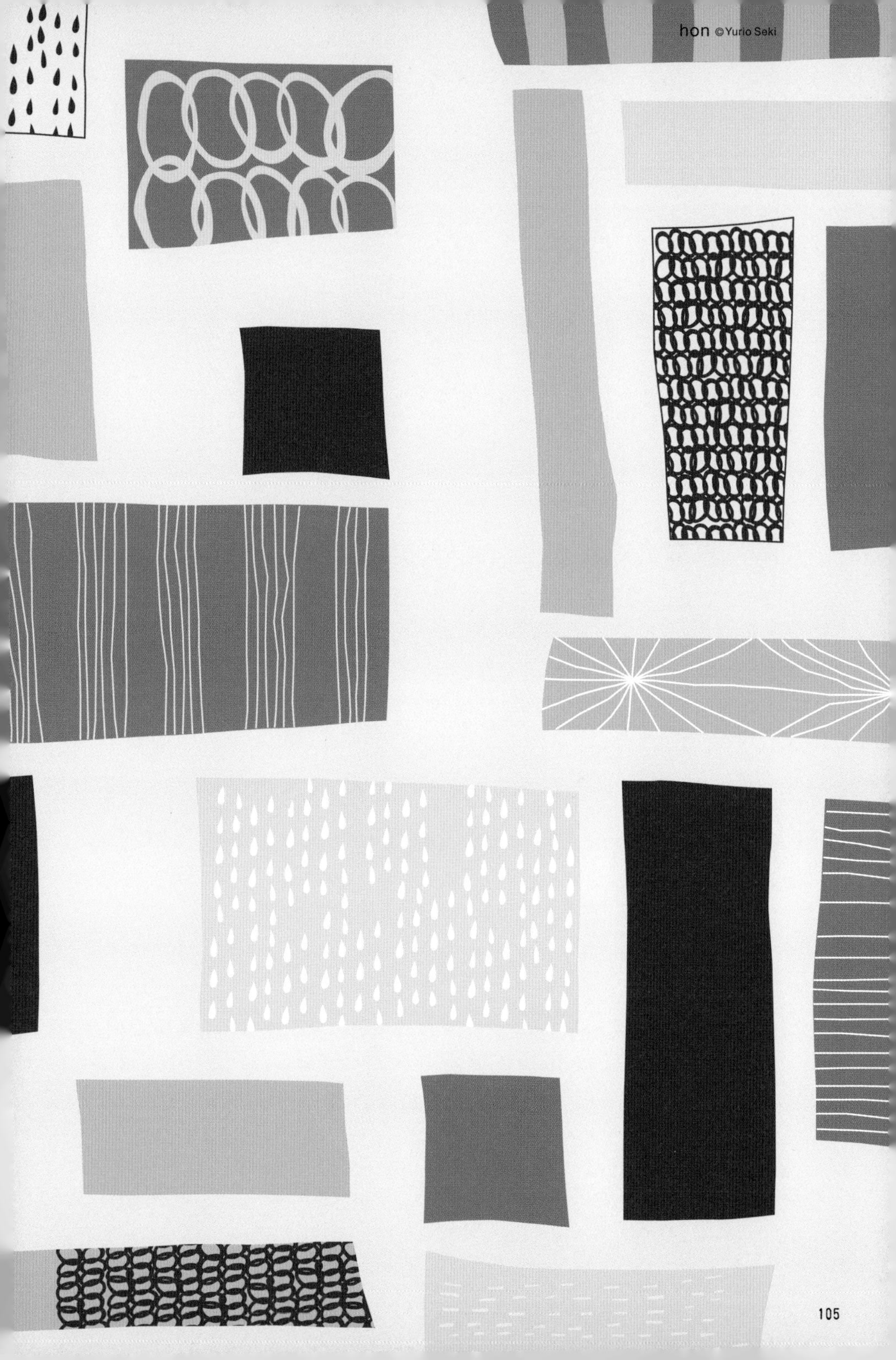

hon ©Yurio Seki

kasa ©Yurio Seki

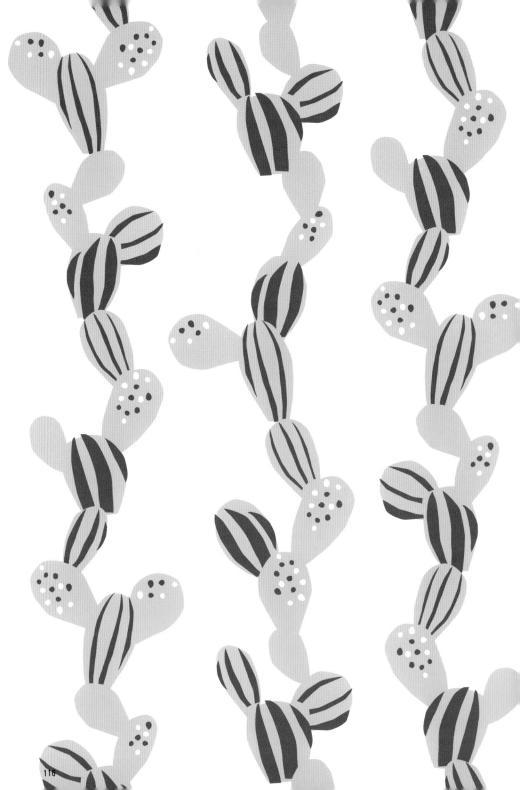

saboten ©Yurio Seki

button ©Yurio Seki

tsunagi ©Yurio Seki

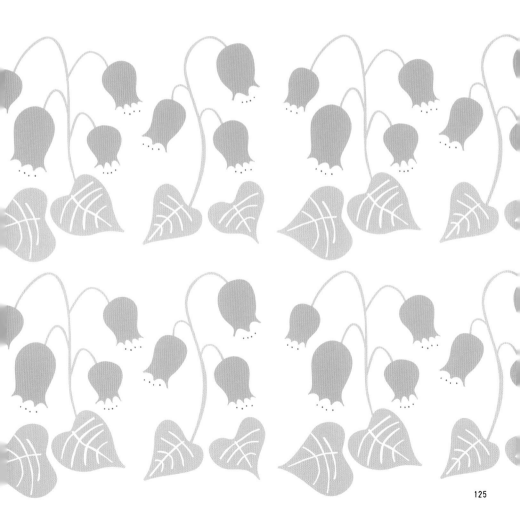

hasu ©Yurio Seki

129

tsukimi ©Yuno Seki

sakana ©Yurio Seki

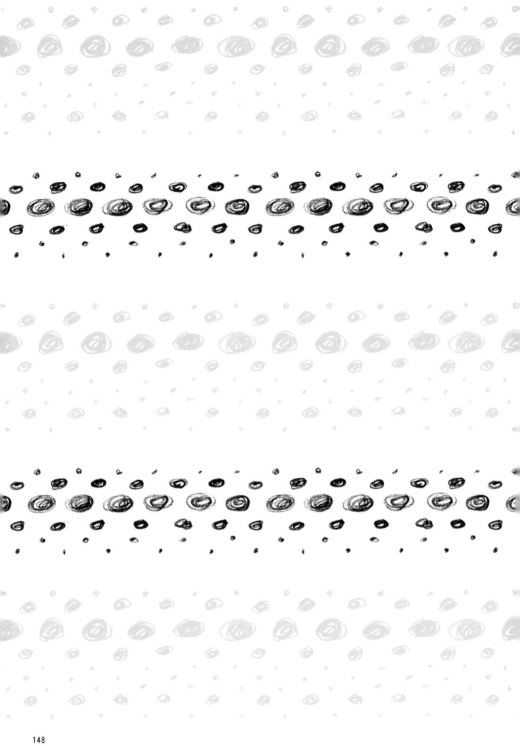

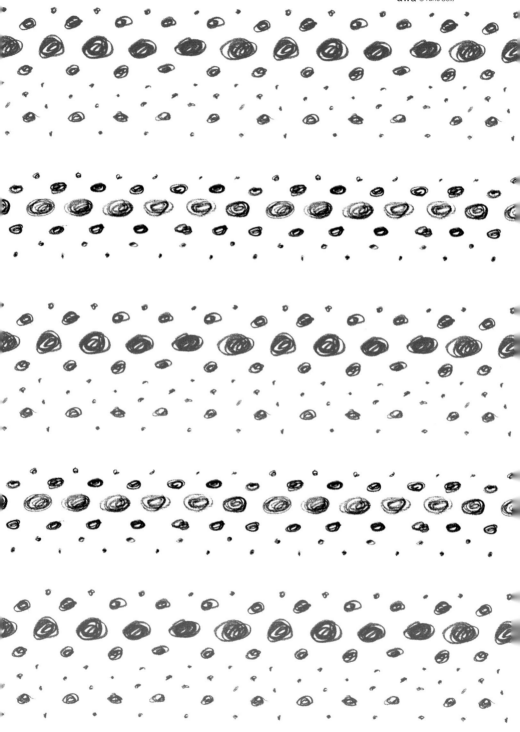

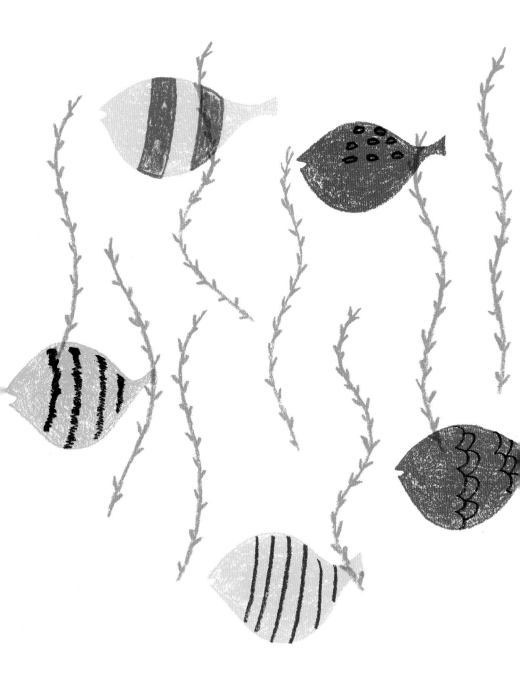

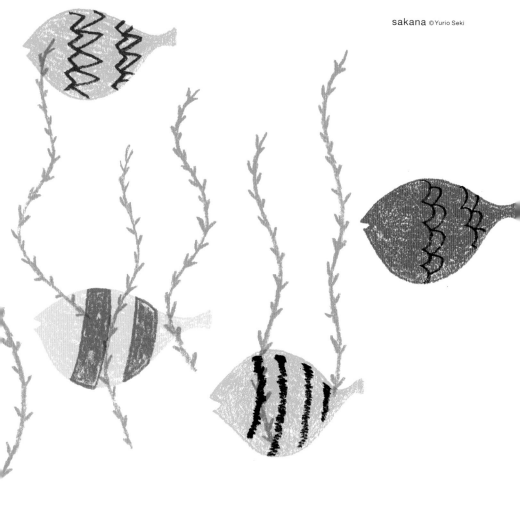

グラフィックワーク

Graphic work

書籍の装幀

Book design

本は手に取るもの。装幀の仕事では、まず紙選びか
らはじめます。そして、その本に描かれた世界観を
どうやってかたちにするかをとことん突き詰めてデ
ザインを進めます。本屋さんで、ぱらぱらとめくっ
てもらえるような、いい匂いのする仕事を続けてい
きたいと思います。

『プリンセス・ダイアリー』
『プリンセス・ダイアリー ラブレター騒動篇』
『プリンセス・ダイアリー 恋するプリンセス篇』
メグ・キャボット＝著　金原瑞人・代田亜香子＝訳　河出書房新社　2002 ～ 2003 年

網中いづるさんに装画を依頼。絵のイメージに合わせて表紙の上部に色をつ
けています。本体、花ぎれ、しおりの色も表紙に合わせてシリーズ感を演出。
シリーズものは、このような遊びができる楽しい仕事です。

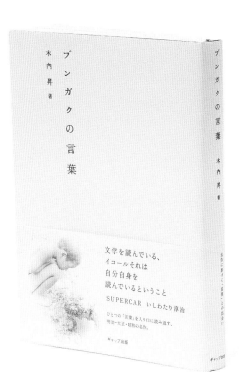

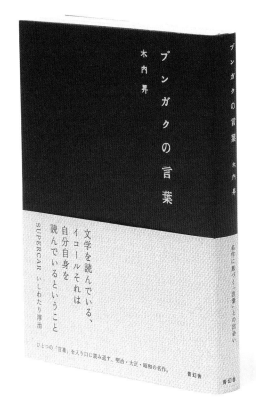

『ブンガクの言葉』
木内昇著　ギャップ出版　2003年

『ブンガクの言葉』
木内昇著　青幻舎　2004年

一度出版された本の版元が変わるときに新しく装幀
し直したもの（下）なので、元のデザイン（上）のイメー
ジを大切にすることを心がけました。タイトルロゴ
は、古い本の活字をトレースして調整し、やわらか
さを残しつつ格式のある雰囲気を出しています。

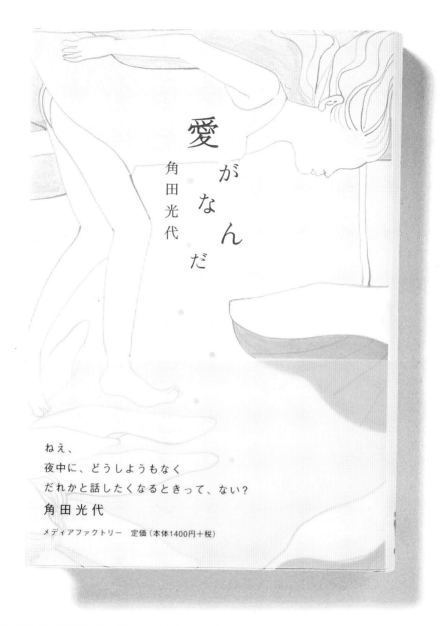

『愛がなんだ』 角田光代＝著 メディアファクトリー 2003年

角田さん独特の、クールながらある一定の温度が感じられる文章のイメージを出したくて、帯にトレーシングペーパーを使用し、湖の底のような世界を表現しています。

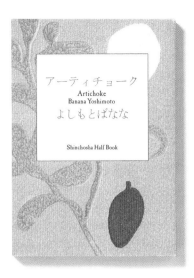

アーティチョーク
Artichoke
Banana Yoshimoto
よしもとばなな

Shinchosha Half Book

夏の吐息
The Sigh of the Summer
Mariko Koike
小池真理子

Shinchosha Half Book

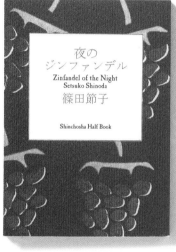

夜の
ジンファンデル
Zinfandel of the Night
Setsuko Shinoda
篠田節子

Shinchosha Half Book

天頂より
少し下って
Down Slightly from the Top
Hiromi Kawakami
川上弘美

Shinchosha Half Book

アンバランス
Unbalance
Asa Nonami
乃南アサ

Shinchosha Half Book

『アーティチョーク』 よしもとばなな＝著　新潮社　2004年
『天頂より少し下って』 川上弘美＝著　新潮社　2004年
『夜のジンファンデル』 篠田節子＝著　新潮社　2004年
『夏の吐息』 小池真理子＝著　新潮社　2004年
『アンバランス』 乃南アサ＝著　新潮社　2004年

『恋愛小説』 川上弘美・小池真理子・篠田節子・乃南アサ・よしもとばなな＝著　新潮社　2005年

人気女流作家5人のお酒をテーマに書き下ろした小説が5冊のハーフブック（左ページ）に。これは、サントリーのウイスキーとブランデーのノベルティーとして世に出たものです。その後、1冊にまとめて出版されました。表紙のビジュアルは、図案をプリントゴッコで印刷し、原画として入稿。わざと版ズレや粗さが出るようにしています。

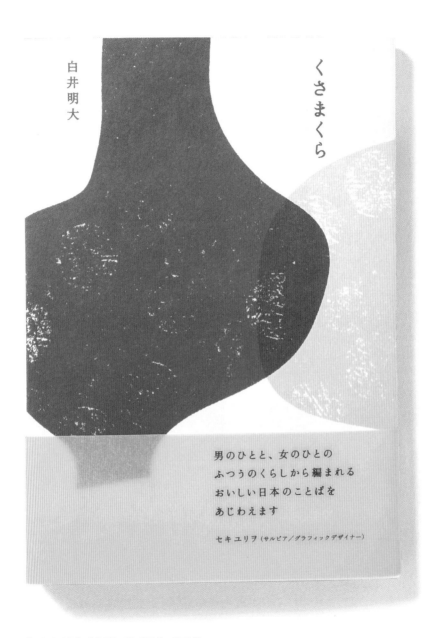

くさまくら

白井明大

男のひとと、女のひとの
ふつうのくらしから編まれる
おいしい日本のことばを
あじわえます

セキユリヲ（サルビア／グラフィックデザイナー）

『くさまくら』　白井明大＝著　花神社　2007年

サルビアで何かとお世話になっている詩人・ライターである白井さんの詩集。人と人の気持ちの重なりやそれぞれの心の襞を表現するため、透ける紙に図案を印刷し、ページを重ねると違った絵に見えるよう工夫しています。

くさまくら
白井明大

梅雨なのに夜なか
寝ぐるしいくて寝つけなくて
水飲みに行ったり
台所の電気つけて
本読みだしたり
しらんでるのを持って
そうなったら　もったいないなくて
ねむたくなるんじゃないか
寝床に戻って
となりに寝てるはずの
きみは斜めになって
ぼくの敷きぶとんのほうまで
足をのせてて
ひざ小僧きだしにしてて
裾を開け閉めする

夜のおしまい

音に敏感に
頭を浮かべて
土体をひじを支えに起こそうとしてきた
ごめん、目覚まさしちゃった
、てこっちがみてたら
背中のほうへ
回転していく
まま　受け身でもする
動きさてあお向けに
寝ころがる
寝がえりのかわりして
前髪が立っているのが
したいに下りて落ち着いていく
黒いのを
ふき出してくる
我のおしまいに
枕のうえのタオルで

33　　　　　　　32

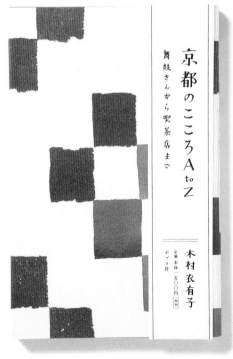

『和のノート』
木村衣有子＝著　ポプラ社　2003年

『京都のこころ A to Z』
木村衣有子＝著　ポプラ社　2004年

文筆家・木村衣有子さんの「和」のシリーズ。2冊と
も画家の牧野伊三夫さんに絵を描いていただきまし
た。1冊目の『和のノート』の表紙は、縞模様の着物
に無地の帯を巻いた和服のイメージ。『京都のこころ
A to Z』の表紙では、東福寺の市松模様の庭を想像
させる図案に、のし紙のような縦帯をつけています。
縦帯は、「日本らしさ・大切にしたいもの」の象徴です。

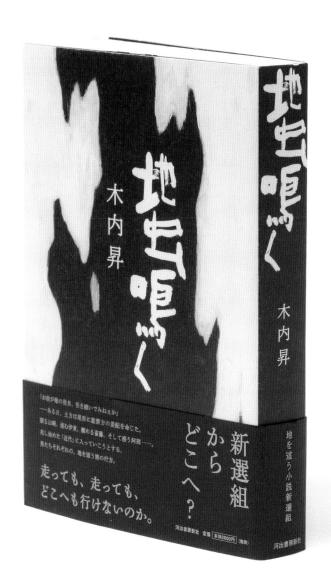

『地虫鳴く』　木内昇＝著　題字＝奈路道程　河出書房新社　2005年

装画はクサナギシンペイさんによるもの。筆の刷毛目部分をトリミングし、いろいろなイメージをふくらませる仕上がりにしました。奈路道程さんの豊かな筆文字が決まっています。

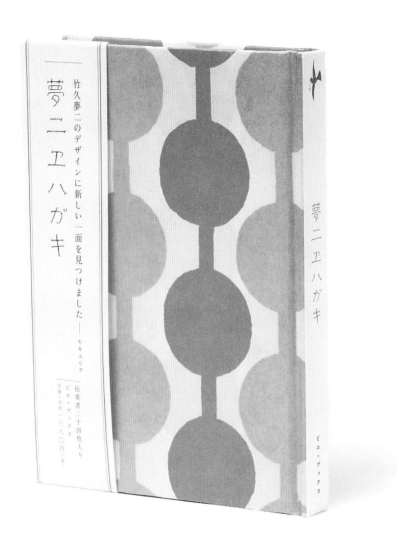

『夢二ヱハガキ』 ピエ・ブックス 2004年

『サルビア東京案内』の取材で訪れた文京区の竹久夢二美術館で、夢二のグラフィックに魅了されました。原画の雰囲気をこわさないように汚れなどの処理を最小限にし、木版画のタッチを生かすよう印刷にも気を配っています。

『夢二デザイン』 ピエ・ブックス　2005年

グラフィックデザイナー・竹久夢二のデザイン解説書をつくろうというコンセプトでできあがった本。竹久夢二美術館学芸員の谷口朋子さんのテキストとともに、書籍や楽譜のデザイン、広告、挿画など150点を超える作品を収録しています。

パターン模様

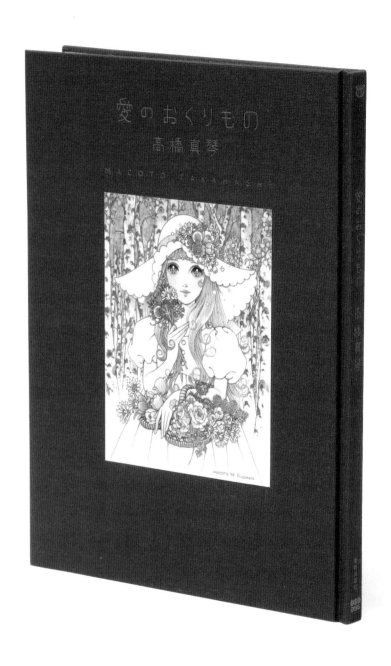

『愛のおくりもの』 高橋真琴＝著　美術出版社　2003年

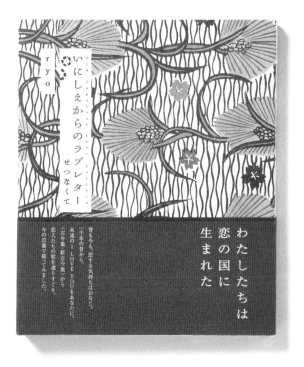
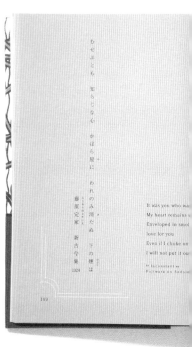

『いにしえからのラブレター』 ryo＝著　ソニー・マガジンズ　2005年

すべて恋愛の詩なので、本文のページにピンク色を敷き、後ろにいくほど色が濃くなっていくようにしました。カバーの紙は、
東京・谷中にある江戸千代紙の「いせ辰」さんのもの。古くからある千代紙を原稿として印刷するという豪華な試みです。

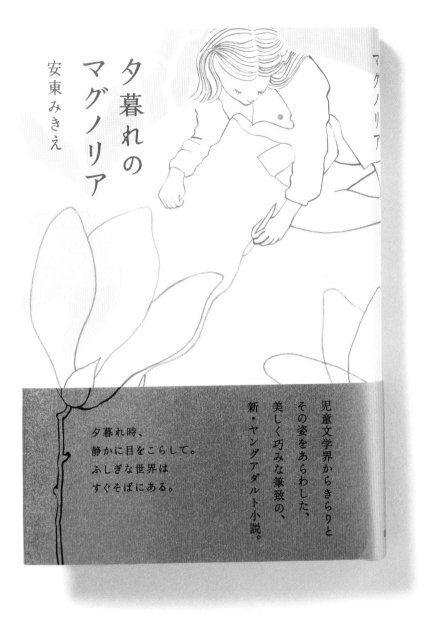

夕暮れの
マグノリア

安東みきえ

夕暮れ時、
静かに目をこらして。
ふしぎな世界は
すぐそばにある。

児童文学界からきらりと
その姿をあらわした、
美しく巧みな筆致の、
新・ヤングアダルト小説。

『夕暮れのマグノリア』　安東みきえ＝著　講談社　2007年

幻想的なテキストをより強調するようなビジュアルをつくるため、マットな金色の紙を帯に使用しています。装画は山口由起子
さんにお願いしました。

『贈ることば Happy Birthday』
ディスカヴァー・トゥエンティワン　2007年

第一回みづゑ賞を受賞した瀬藤優さんに装画を依頼。
書き下ろしも含めて掲載点数の倍以上の作品を提出
してくれました。のびのびしていて大胆で自由な瀬
藤さんの絵は、本のコンセプトにぴったりはまった
と思います。

『青い麦』
集英社文庫　コレット＝著　手塚伸一＝訳
集英社　2007年

『車輪の下』
集英社文庫　ヘルマン・ヘッセ＝著　井上正蔵＝訳
集英社　2007年

どちらの本も、誰もが知っている不朽の名作です。
網中いづるさんの絵が新しさを出してくれると確信
していたので、古くからあるような真っ当な感じが
出るようデザインしました。タイトル文字は、昔な
がらのゴシック体の角を丸くするなど手を加えてつ
くっています。

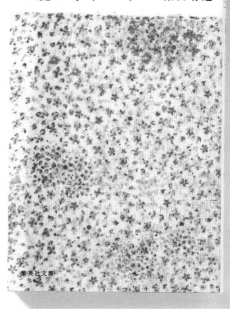

『お縫い子テルミー』
集英社文庫　栗田有起＝著　集英社　2006年

『レインレイン・ボウ』
集英社文庫　加納朋子＝著　集英社　2006年

文庫本はサイズも紙も同じ。だからこそほかの本と
違うことをしたいと思っています。でもそういう制
約の多さが逆に文庫本装幀の楽しいところでもある
のです。この2冊は、布を原画として入稿。手触り
を感じるようなビジュアルに仕上がりました。

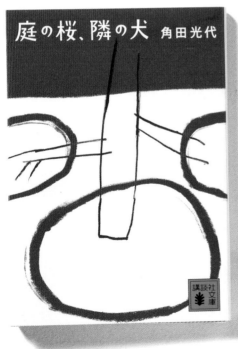

『恋するように旅をして』
講談社文庫　角田光代＝著　講談社　2005年

『庭の桜、隣の犬』
講談社文庫　角田光代＝著　講談社　2007年

イラストレーターさんとの仕事はいつも楽しいもの。
『恋するように旅をして』では、みづゑ編集部から紹
介された升ノ内朝子さんに旅っぽいイメージで描い
てもらいました。『庭の桜、隣の犬』は武藤良子さん。
実は原画を180度回転しているのです。

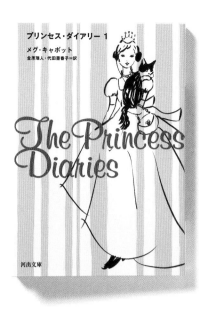

『プリンセス・ダイアリー1』
『プリンセス・ダイアリー2
ラブレター騒動篇』
『プリンセス・ダイアリー3
恋するプリンセス篇』
河出文庫　メグ・キャボット＝著
金原瑞人・代田亜香子＝訳　河出書房新社　2006年

文庫本では単行本のデザインをそのまま流用することもありますが、今回は新しいデザインに。網中いづるさんが描いた墨の線がくっきりと立っていて、存在感のあるデザインになりました。

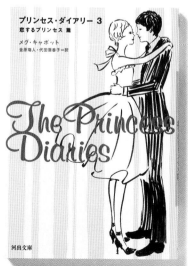

『ニノのまち』
colobockle ＝著　ピエ・ブックス　2004年

前半がお話、後半が紙工作という構成の絵本です。
カバーを広げると大きなポスターになったり、絵本
の後半ページを工作に適した厚手の紙にしたりして、
本というより、ものとして楽しめるように工夫して
います。

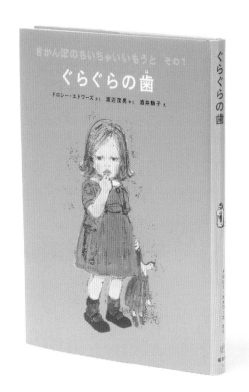

きかんぼのちいちゃいいもうと　その1
ぐらぐらの歯
ドロシー・エドワーズ さく　渡辺茂男 やく　酒井駒子 え

きかんぼのちいちゃいいもうと　その2
おとまり
ドロシー・エドワーズ さく　渡辺茂男 やく　酒井駒子 え

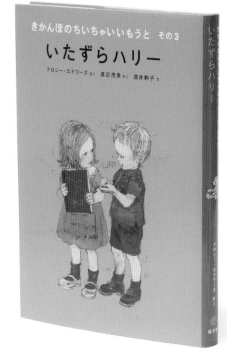

きかんぼのちいちゃいいもうと　その3
いたずらハリー
ドロシー・エドワーズ さく　渡辺茂男 やく　酒井駒子 え

そこでわたしたちは、いもうとにサンドイッチをあげました。

いもうとは、サンドイッチをぜんぶたべてしまいました。いもうとは、自分のサンドイッチと、わたしのサンドイッチと、ほかの子どもたちのサンドイッチをぜんぶたべてしまいました。――それでも、まだ「わあわ

あ」ないていました。

こんどは、いもうとにレモネードをあげました。いもうとは、レモネー

ド を草の上にまきちらして、また「わあわあ」となきました。

それから、子どもたちのひとりが、いもうとにりんごをあげました。べつの子がタフィーをあげました。

いもうとがりんごとタフィーをたべているあいだに、わたしたちは、しげみの上にほしておいたいもうとの服を手にもって、すっかりかわくまで、日のあたるばしょをはしりまわりました。

いもうとの服がすっかりかわいてから、わたしたちは、いもうとにきせました。

15

『きかんぼのちいちゃいいもうと その1　ぐらぐらの歯』
『きかんぼのちいちゃいいもうと その2　おとまり』
『きかんぼのちいちゃいいもうと その3　いたずらハリー』
ドロシー・エドワーズ＝著　渡辺茂男＝訳　酒井駒子＝絵　福音館書店　2006年

ずっと昔からある本を新しい装幀にするというお仕事。はじめに酒井駒子さんと「長く大切にしたくなるような本にしたいですね」とお話しして、デザインしすぎないよう心がけました。

『おてんばルル』 イヴ・サンローラン＝著　東野純子＝訳　河出書房新社　2006年

原書は中面がすべて手描き文字だったので、日本版も手描きにすることに。イヴ・サンローランの世界観を理解しつつ、味のある文字を描けるイラストレーターを探して、東ちなつさんに依頼しました。絵と文字がばっちりはまって、素敵な本に仕上がったのがうれしい限りです。

『レッスン』
キャロル・リン・ピアソン＝著　灰島かり＝訳
ささめやゆき＝絵　平凡社　2002年

『ちいさなふゆのほん』
ヨレル・クリスティーナ・ネースルンド＝文
クリスティーナ・ディーグマン＝絵
ひしきあきらこ＝訳　福音館書店　2006年

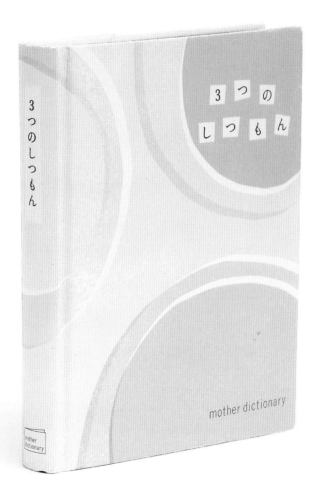

『3つのしつもん』 クラブキング 2005年

フリーペーパー『dictionary』内の「mother」の企画で、子どもを持つ100人の女性に聞いた3つのしつもんをまとめた本。豆本のような小さな上製本で、宝物にしたくなるような本に仕上がりました。

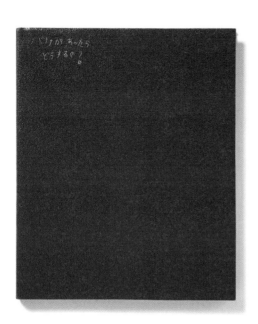

『バナナがあったらどうするの？』
松長絵菜＝著　女子栄養大学出版部　2001年

題字と本文の文字は、なんと小学2年生の女の子に
よるもの。実は、大人も交えた「手描き文字コンペ」
を行ったのですが、だんぜん子どもの文字がよかっ
たんです。料理本だけど、絵本のような本を目指し
てデザインしています。

『マユシオル』 マリィ・カイユ＝著　美術出版社　2005年

着物の柄として描かれた絵を集めたポストカードブック。着物の反物のイメージから、縦長のサイズに。カバーはトレーシングペーパーにマットPPをかけて、ろう引きのような懐かしい手触りに仕上げています。

『DOTS』 POSTCARD BOOK　ピエ・ブックス　2005年

イラストレーター、デザイナー、写真家の水玉とストライプをイメージした作品を集めたポストカードブック。アーティストの提
案もさせていただきました。それぞれの「水玉」「しましま」の解釈のしかたを見るのがとても楽しかったです。

『STRIPES』 POSTCARD BOOK　ピエ・ブックス　2005年

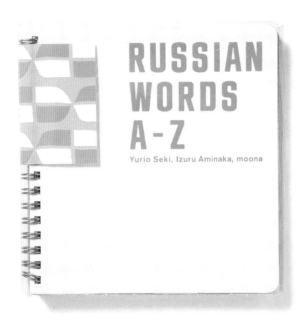

『RUSSIAN WORDS A-Z』

セキユリヲ・網中いづる・moona ＝著

COTO　2003年

私がロシアを旅したときの記憶をもとに A から
Z のロシア語の単語を並べ、網中いづるさんが
絵をつけて、moona が音楽をつくってくれまし
た。私にとっては 3 人の部活動の記録のような
大切な本です。

Узóр

[ウゾール]
模様／PATTERN

見つけてはためている柄の布。何に使うかはまだ決めてない。
A collection of cloth of many patterns. She hasn't decided what to use them for yet.

Фрукт

[フルークトゥィ]
果物／FRUIT

果物屋さんの箱も集めている。どこから何が運ばれてきたか想像したり。
She also makes collection of boxes of fruits. She imagines where they come from.

『Inspiration』
ロッタ・ヤンスドッター＝著
ピエ・ブックス　2003年

テキスタイルや雑貨のデザインをしているロッ
タ・ヤンスドッターさんが描きためた、膨大な量
のスケッチを選りすぐって収録しています。ス
ケッチブック風の装幀がぴったりはまるデザイン
になったと思います。

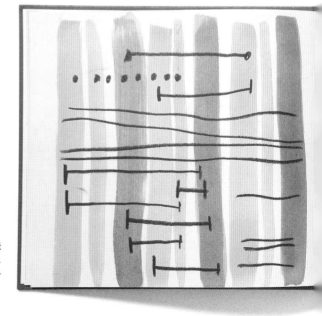

『マイヤ・イソラ』
ピエ・ブックス　2006年

マリメッコのデザイナー、マイヤ・イソラの生涯
にわたるテキスタイル作品をまとめた大型本。戦
後のフィンランドを明るくするために、と尽力し
たマイヤのデザインは、今の時代においても輝い
て見えます。

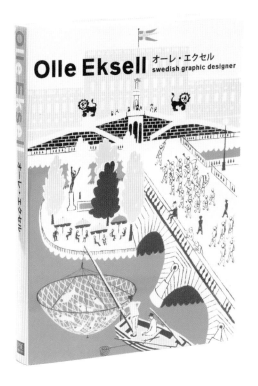

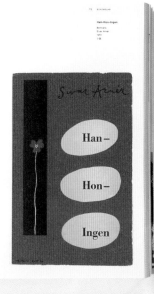

『オーレ・エクセル』
ピエ・ブックス　2006年

『サルビア北欧日記』をつくったときにお会いしてか
らずっとつくりたかった本です。1週間近くストック
ホルムに滞在して作品を撮影。どんな小さなスケッ
チでもすべて大切に保管していた、オーレさんの奥
様の愛に感動しました。

『ショップイメージ グラフィックス イン ロンドン』 ピエ・ブックス　2007年

『MILK CAP　牛乳ビンのふたの本』　和田安郎＝監修　きんとうん出版　2002年

『屋上アイランド』 きんとうん出版 2004年

さく あきもとやすし え あみなかいづる

『ぞうのせなか』 秋元康・網中いづる＝著 講談社 2007年

っと とおくまで あるきました。
こうさんが たちどまった ところは、
たくさが いっぱいの はらっぱでした。
やって きても、たべきれないくらい
くさが ありました。

また、ながい はなで じめんに あなを ほり、
ると、いま きた みちを もどりました。

そして、つぎの ひの よる。
こんどは、やまの むこうの はらあなまで ゆきました。
おとうさんは、また、じめんに あなを ほり なにかを うめました。

202

あるばんのことです。
おとうさんをおいかけて
いままでで、いちばんとおいいけまでやってきま
「でて――おいで、ポッポ!」
おとうさんは、きゅうに、ふりかえっていいました
ポッポはとうとうおとうさんにみつかってしま

「ぼくは、おとうさんとずっといっしょにいたい」
おとうさんのながいはなが、ポッポをだきよせました。
「ポッポにはみえなくても、
おとうさんはずっとポッポのそばにいるよ。」
ポッポは、おとうさんがいなくなることがしんじられませんでした。
まんげつが、ポッポとおとうさんをしずかにてらしていました。

『あの靴、ほしい！』
パオラ・ヤコッビ＝著　中村浩子＝訳
河出書房新社　2006 年

『こんな男とつきあってはいけない』

ゲイリー・S・オーミラー＆
ダニエル・A・ゴールドファーブ＝著
永井二菜＝訳　アスペクト　2001年

『Oops! ウップス!』

はな＝著　筑摩書房　2002年

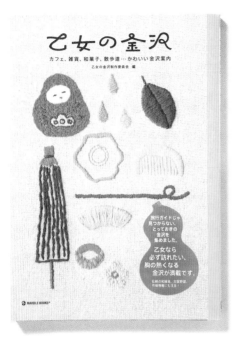

『乙女の金沢』
乙女の金沢制作委員会＝編
発行・マーブルトロン　発売・中央公論新社
2006年

1,500

『布を切るだけ』
アスコム　2005年

『アーティストとつくる 紙雑貨』
ピエ・ブックス　2005 年

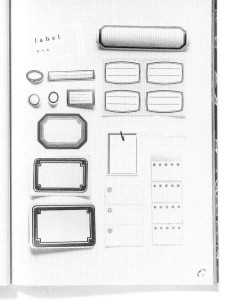

l a b e l
ラベル

旅の思い出ペーパーの封筒と便せん

旅先で草物やパンを入れてもらった袋を思い出とともに送ります。

用意する道具
─ ペーパーバックまたは包装紙など
─ 寄せたい写真画像など
─ ボンド、カーボンペーパー
─ ルレット
─ トレッシングペーパーのり付きの台紙です。

作り方
草物の入っていたペーパーバックなどに。
袋になっているところから好きな封筒のサイズに
切って、出し入れ口の折り返しをつくってあげれば
それを本体します。
封筒裏などは1ページの封筒展開を拡大。
他のコピーしているいろいろな大きさの封筒をつくれます。
宛名ラベルなどを貼ると、玄関晶意が当て便利です。

第一種郵便物の定型のサイズは長さ14～23.5cm
幅9～12cmの長方形で、厚さ1cmまでです。
この大きさを超えると定型外の料金となります。

オリジナル便せん

無地の紙の上にカーボンペーパーを置いて、
上からルレットで絵を引きます。

数字スタンプ

ちょっとかすれた感じが、レトロな紙のスタンプ。

用意する道具
─ 厚手の紙、ボンド
─ スタンプはになる木片

作り方
厚紙に好きな形の数字を描き、はさみで切り抜きます。
同じ大きさに切りそろえた木片を貼り合わせて
うし厚みをつくります。
数字を木片に貼り合わせて、完成。

『みづゑ』のアートディレクション

Magazine design：Mizue

2001年に新装刊した『みづゑ』では、どんな雑誌を
つくるのか考えるところから参加させてもらったた
め、私にとってとても思い入れのある仕事です。毎
号、人選を含め、編集部の人たちと話し合いながら
つくっています。この雑誌を通して、デザイナーと
して成長させてもらった、そんな気がしています。

『みづゑ』
2001年冬号 01 ～ 2007年春号 22
美術出版社　2001～2007年

『みづゑ 2001年冬号』
表紙・絵＝ MAYA MAXX

編集長の來嶋路子さんと私の中に「ものづくり
をしたい人が気軽に手に取れる雑誌をつくろう」
という共通の思いがあり、自然と方向性が見え
てきました。記念すべき第1号の表紙は、画家の
MAYA MAXX さん。すべてはここからはじまっ
たのです。

『みづゑ 2002年秋号 04』
表紙・絵＝フィリップ・ワイズベッカー

専門性の高い美術誌やデザイン誌ではなく、『み
づゑ』は、ものづくりをしたい人が読む実用の雑
誌。読んでいる人が、やってみたいと思える、見
ているだけでも楽しい「つくり方」のページをつ
くりたいと思いました。毎号特集ごとに異なる誌
面づくりには、苦労しつつも楽しんでいます。

みづゑのクリス

クリスマスがやってきた！
みんなが集まる楽しいパーティー、
今年は手作りをプラスしたおもてなしで迎えてみては？
むずかしそう……なんて心配はいりません。
どれもカンタンで、わくわくするようなかわいいものばかり。
さあ、いますぐ準備にとりかからなくっちゃ！

マスパーティー

イラスト＝松尾たいこ　写真＝松井友生　料理制作＝水島由美子　雑貨制作・文＝渡辺 愛

「森のなか、本当にこんなピクニックに出くわしたらどうしよう……」と、Gomaさん。
そりゃあ参加するでしょ、食べるでしょう！
絵本のなかの世界なら、ご馳走をたいらげると、
きまってよくない出来事がおこったりするけれど、それは、それ。
だってこれはGoma's picnic.
食べて、飲んで……あー、しあわせ！
最後はニッコリ笑顔でごあいさつ。
Gomaさん、素敵なピクニック、ごちそうさまでした。

a piece of MORI-NO picnic

lace

maは一度森の中でピクニックをしてみたいなって思っていま
た。
れはヨーロッパのおとぎ話に出てくる様な、がうっそう
茂り、小人や妖精がのぞいているような、
こだけちょっと別世界の森です。
回はそれよりももう少し明るい開放感のある森になりました。
りとぐらの絵本の中の様な、鳥や動物が遊びに来たり、森に住む
の　が穴場で採ったキノコを手みやげにひょっこり
あらわれたり、そんな事を期待してしまいます。
aの持つヨーロッパのお話の中の様なイメージと、Gomaの森のイ
ージがうまく重なってとってもステキなピクニックになりました。

usic

のフランス土産のレコード。
うよりについているソノシート。

の中でフランス語を聞いていると、何だか不思議な気分に…。

book

の音や鳥の声を聞きながら森をテーマにした本（ただ題名についているだけのものも）をのんびり読む。
ぶ厚いハードカバーを枕に文庫本を読んだり、絵本、画集を眺めたり。
mināのテキスタイルカードの裏に書いた、シェイクスピアやワーズワースの詩をみんなで朗読するのもいいかも。
（『リトル・トリー』『花ざかりの森・憂国』『恋人たちの森』『木のうた』『M/Tと森のフシギの物語』）

menu

のケーキはmināの羊コサージュから。
あんまり可愛くてそのまま形にしました。
のキッシュはmināの花コサージュをイメージ。

お菓子での再現の方がもっとイメージに近くなったと思うけど、
甘い物だらけになってしまうので、キッシュにしてみました。
お花の串オードブルはGomaの定番料理。
食べやすさと見た目の華やかさはピクニックを盛り上げます。

ORI-NO picnic recipe

なお花のキッシュ

ュパイ生地＆アパレイユ（菊型10個分）
生地）
分125g　無塩バター70g　卵黄水（卵黄1/3個分　冷水大さじ1〜1・1/2）
レイユ）
00cc　生クリーム20cc　卵（L）2個　塩・こしょう・ナツメグ適量
ーブオイル（ソテー用）適量

リング3種）
豆×グリンピース×パルミジャーノチーズ
そら豆とグリンピースは軽く熱湯で戻す。（パルミジャーノは薄くスライス）
カ×ズッキーニ×オリーブ×溶けるチーズ
カとズッキーニはオイルでソテーして軽く塩・こしょうしておく。
ン×玉ねぎ×きのこ×溶けるチーズ
ベーコンは一緒にオイルでソテーして軽く塩・こしょうしておく。
はにんにくと一緒にオイルでソテーして軽く塩・こしょうしておく。

1　ボウルに薄力粉をふるい入れ、細かく刻んで冷やしておいた無塩バターを入れて、
カードで粉状にする。卵黄水を注ぎ入れてゴムべらで混ぜ、
ひとまとめになる位の固さになったらラップにくるんで
1時間以上冷蔵庫で寝かせる。

2　冷蔵庫から取り出した1の生地を、めん棒で厚さ2〜3mmにして型に敷く。
型に重し（生地の上にオーブンシートと米をのせたものでも可）をして、
あらかじめ予熱しておいた200℃のオーブンで20分焼く。
軽く色がついたら、取り出して冷ます。

3　粗熱がとれたパイ生地にフィリングをのせてアパレイユを注ぐ。
表面にはフィリングを花のように飾り付ける。
あらかじめ予熱しておいた180℃のオーブンで25〜30分焼く。
表面に焼き色がついたらそっと取り出し、網の上などで冷ます。
この分量で20cmのタルト型一台分。フィリングは好きなものでOK。

ーペースト

ー300g　玉ねぎ1/3個　にんにく2〜3片
ョビフィレ大さじ6　オリーブオイル大さじ4　ローリエ3枚
しょう　少々

ねぎとにんにくはみじん切りにする。
リーブオイルをひいたフライパンでうすく色付くまで炒める。
鶏レバー、アンチョビ、ローリエを加えてさらに炒める。
バーに火がとおったらローリエを取り出して塩、こしょうで味を調える。
フードプロセッサーにかけてペースト状にする。

自家製バター

生クリーム（動物性脂肪のもの）1パック　塩ひとつまみ

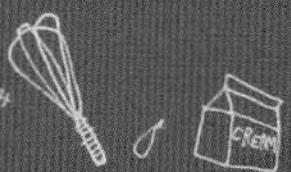

1　ボウルに生クリームと塩を加えて泡立てる。
しばらくして、分離して黄色くボロボロの状態になったら余分な汁を捨てる。
2　完全に白いところがなくなるまで、途中でこまめに汁を捨てながら、さらに泡立てる。
3　ひとまとめにしてペーパータオルに包み、しっかり水気を切る。
ペーパータオルを替えながら、汁が出なくなるまでくりかえす。

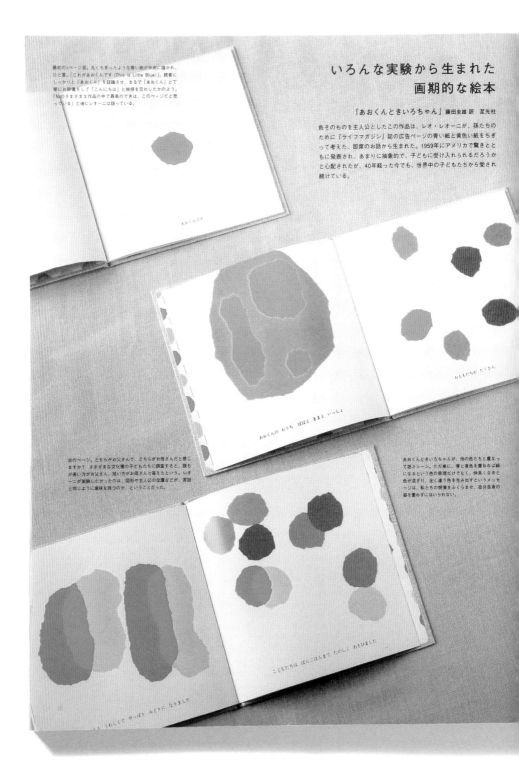

いろんな実験から生まれた
画期的な絵本

『あおくんときいろちゃん』 藤田圭雄 訳 至光社

色そのものを主人公としたこの作品は、レオ・レオーニが、孫たちのために『ライフマガジン』誌の広告ページの青い紙と黄色い紙をちぎって考えた、即席のお話から生まれた。1959年にアメリカで驚きとともに発表され、あまりに抽象的で、子どもに受け入れられるだろうかと心配されたが、40年経った今でも、世界中の子どもたちから愛され続けている。

最初の1ページ目。丸くちぎったような青い紙が中央に描かれ、ひと言、「これがあおくんです〔This is Little Blue〕」読者にしっかりと「あおくん」を認識させ、まるで「あおくん」と丁寧にお辞儀をして「こんにちは」と挨拶を交わしたかのよう。「私のさまざまな作品の中で最高のできは、このページだと思っている」と後にレオーニは語っている。

左のページ。どちらがお父さんで、どちらがお母さんだと感じますか？ さまざまな文化圏の子どもたちに調査すると、誰もが高い方がお父さん、短い方がお母さんと答えたという。レオーニが実験したかったのは、図形や主人公の位置などが、言語と同じように意味を持つのか、ということだった。

あおくんときいろちゃんが、他の色たちと重なって遊ぶシーン。ただ単に、青と黄色を重ねれば緑になるという色の原理だけでなく、仲良くなると色が混ざり、全く違う色を生み出すというメッセージは、私たちの想像をふくらませ、自分自身の姿を重ねずにはいられない。

Leo Lionni

©Original Text & Illustrations by Leo Lionni / Translation by Tamao Fujita. Publication Right in Japanese Edition by SHIKO SHA CO.,Ltd. 1967

あおくん と きいろちゃん

レオ・レオーニ・作
藤田圭雄・訳

青と黄色の円から、あふれ出す感情が
伝わってきませんか?

さまざまなカタチに生命を吹き込んだ絵本

青と黄色の色紙をちぎったような絵が表紙の『あおくんときいろちゃん』は、本屋さんでひときわ目立つ。そこには人が描かれているわけではなく、空や家などの風景があるわけでもない。あるのは丸くカットされた色紙だけ。それなのに、1ページ1ページが、これ以上ないかのように完璧だ。そして、本を閉じた後に伝わってくるのは、子どもの頃、母親に抱きしめられた時のような、体の奥からわき上がる幸せな感覚。そんな彼の絵本の中に見えてくるのは、すべての生き物へのあたたかい眼差しだった。

撮影=荒川尚子 (P.6~9)、蘭牧徹也 (P.8、12)、森泉文美 (P.10、11、13)　取材・文=藤田容子　協力=Annie Lionni、板橋区立美術館、至光社、好学社

『みづゑ 2002年夏号』
表紙・絵＝水森亜土

絵とものづくりの雑誌なのに「ピクニック」特集。
こんな実験的なテーマができるのも、『みづゑ』
だからこそ。

Katsumi Komagata

12枚のカードとミニ絵本
ふと、なにげなく1冊を手にとる。このまわりはなにもいらない。装丁もなにもない、絵本。
ただ空間の中に描かれたコミュニケーション。これが駒形克己さんの絵本だ。最初に手にとったのは『LITTLE EYES』シリーズ。そのときのおどろき、うれしさ、いまでも忘れられない。絵本づくりをはじめるきっかけとなった絵本。12枚のカードの入った小さな箱。1冊の絵本。駒形克己さんの絵本にかける情熱。

手づくりの絵本が、
コミュニケーションの
第一歩だったのです

『みづゑ 2004年冬号』
表紙＝レオ・レオーニ
中面：ポール・ランド、レオ・レオーニ
駒形克己、ブルーノ・ムナーリ

毎号、すべてのページづくりが勉強です。絵本の特集の号では、どのページにも絵本が出てくるので、同じような誌面が続かないよう、背景や配置、撮影の仕方を変えて、その絵本の世界観が広がるよう工夫しています。

Paul Rand
Text by Ann Rand

デザインの遊び心から
生まれた絵本

パッケージデザイン

Package design

パッケージをつくるときは、立体の感覚に敏感になります。どこから見てもきれいに見えるように、開けたときうれしいと思えるように、など、こだわりどころが多いのです。とっておきたいと思ってもらえるようなデザインを目指しています。

「カンロ飴　発売50周年記念パッケージ」 カンロ株式会社　2005年

「天から降る甘い露、この世でいちばん美味しいもの」という意味を持つ「甘露」。この言葉をイメージした「しずく」の図案です。長い歴史のある飴なので、それ自体が持っている素朴な魅力を伝えるよう心がけました。

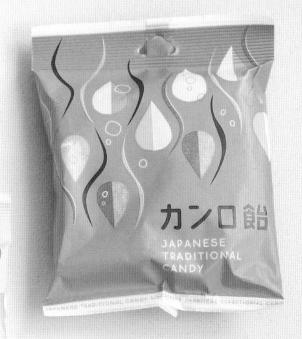

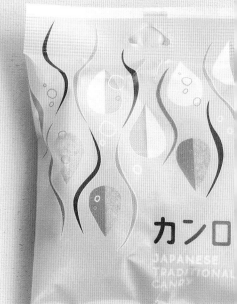

「カンロ飴　50周年記念販促物」
カンロ株式会社　2005年

記念パッケージの発売に合わせてつくった販促
物です。左ページはプレス資料を入れるファイル、
文庫型のメモ帖とそのカバー。カバーはブックカ
バーとしても使えます。右ページはエコバッグと
期間限定カフェのためのペーパーナプキン。この
ためにジャガード織りの生地を一からつくりま
した。カンロさんの熱い思いのおかげで、本当
にこだわったものづくりができました。

「do&be　ドゥ・アン・ビィ　薬用デオドラントスプレー」 エフティ資生堂　2004 年

大きな仕事に自分の図案を使用したはじめての経験なので、思い出深い仕事です。細かい制約の中で苦労しながら、ボトルの
かたちからデザインしました。金属にプリントすることもはじめてだったので、仕上がりが新鮮でした。

「siesta」
JT　日本たばこ産業　2006年

レモングラスの香りを楽しむたばこのパッケージ。「シエスタ」という名前の通り、リラックスしているときの揺らいだ感じをグラフィックで表現しています。決まりすぎず、ちょっとスキがある感じに。

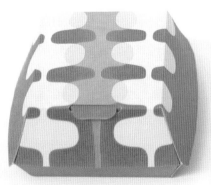

「販売用パッケージ ピザ用 BOX・
ハンバーガー用 BOX」 PARCO　2003 年

依頼を受けたとき、すでにピザとハンバーガーの
BOX ということは決まっていたので、どんな図
案が合うのかを考えました。見慣れたかたちの
ものでも、柄が変わるだけで違った印象になる
のが新鮮ですね。

「通販用パッケージ」
ていねい通販　2007年

商品をお客さまに送るための梱包用BOXのため
に「花つなぎ」という図案をつくりました。季
節ごとに色を変えましょう、という提案を喜ん
で受け入れてくださったのがうれしかったです。

「通販販促物」

ていねい通販　2007年

ていねい通販のスタッフのかたがお客さまに向
けて手紙を書くためのレターセットと一筆箋、お
客さまに贈られるバースデーブック。バースデー
ブックは、いつからでもはじめられるダイアリー
です。

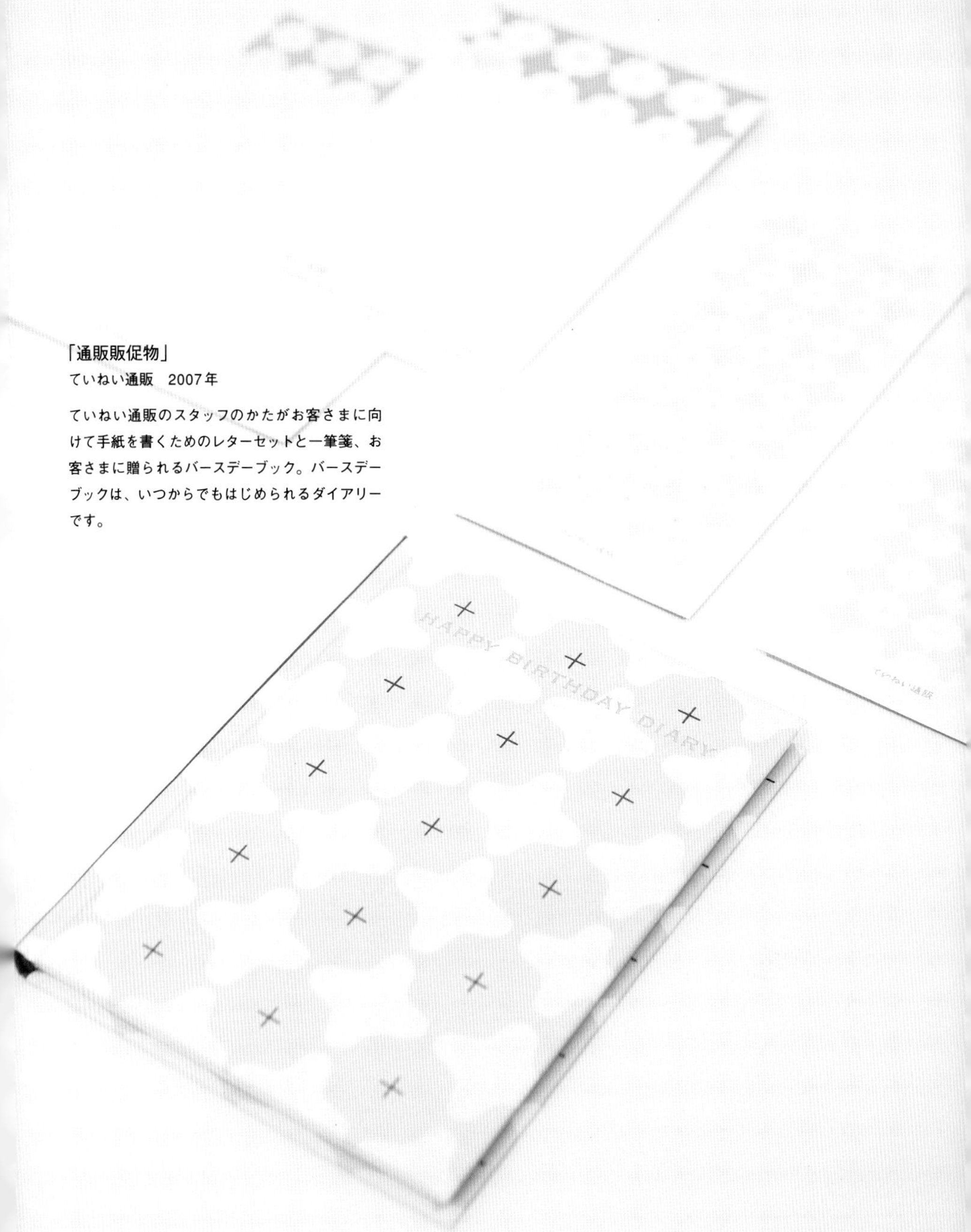

「メニュー・コースター・ポストカード」
和カフェ yusoshi　2004年

大阪にある「和カフェ yusoshi」では、店内で
使う紙小物やインテリアに使うクッションや壁面
グラフィックを手がけています。

小さなグラフィック

Small graphics

小さくて手のひらにのるショップカードや小冊子な
どは、おまけのように考えられがちだけど、小さな
ものこそていねいにデザインすることが重要だと考
えています。おみやげとして持って帰りたくなるよ
うに、紙や素材にこだわって、書体選びも慎重に。
控えめだけど、特別な感じを出したいのです。

「店頭用グラフィック」 Baden Baden 2004年
東京の学芸大学駅のほど近くにあるデザインショップ「バーデンバーデン」
の看板からショップカードなどの一式を手がけました。静かな住宅街にある
一軒家、というのが魅力のお店なので、スドウピウさんが描いたお菓子の
ような家の絵をモチーフにデザインしています。

sts

お財布作家
イラストレーター
ガラスアーティスト
家具デザイナー
プロダクトデザイナー
絵画雑作家・詩人
シルバーデザイナー
革職人
照明作家
バッグデザイナー
グラフィックデザイナー
ガラス＆フェルト作家

お財布・ブローチ
CD-ROM
ペーパー・ウェイト
家具・時計・ラジオ
照明・陶器
ポストカード・本・絵葉
アクセサリー・小物
かまどん・小物入れ
ひょうたん照明
バッグ
クッション・バッグ・服
バッグ・アクセサリー・雑貨

鶴田安玉子
仲田鍵司
バッタ ユキコ
ひだきょうこ
HI:MIE
primitive＋
PENDULUM
菰島裕子
mina perhonen
森浩之
山田晶

ガラス造形作家
モビール作家
インテリアデザイナー
イラストレーター
家具デザイナー
家具デザイナー
フッション・デザイナー
照明作家
陶芸作家

フラワーベース・器
ドア飾り
ソファ・テーブル
イラスト・カレンダー
シルバーアクセサリー
マガジンラック
照明・家具
木製棚・かばん
エキシビション・バッグ
照明
器

and more...

touta.

napkin

「布ナプキンパッケージ・ハンドブック」
touta. 2007年

布ナプキンは、最初はとっつきにくく感じられ
るもの。そこでハンドブックは、つくり手の思い
と、使う人への心配りのバランスに気をつけて
デザイン計画をしました。

物が

は、

る。

ta. ユー」

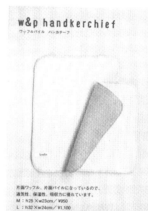

w&p handkerchief
ワッフルパイル ハンカチーフ

片面ワッフル、片面パイルになっているので、
通気性、保温性、吸収力に優れています。
M：h25×w23cm／¥950
L：h32×w24cm／¥1,100
全て素材は表・ワッフル、裏・パイル使用しています

little set リトル セット ¥3,000
パンティーライナー・少ない日に。
デイリー使いに最適です。
スナップXS、スナップS、ガーゼS、
ワッフルS、パイルS <9枚組>

day set デイ セット ¥4,200
少ない日・量の多い日に。
多い日に組合せて使用した場合、
3〜4回分です。
スナップM、ワッフルS・M、パイルS・M、
ワッフルパイルM <8枚組>

night set ナイト セット ¥3,800
夜間・量の多い日に、多い日の夜間に
組合せて使用した場合、2日分です。
スナップL、ワッフルM、パイルM、
ワッフルパイルL <4枚組>

full set フル セット ¥12,000
パンティーライナー・少ない日・多い日・
夜間に、ワンサイクル分として。
スナップXS・S・M(3枚)・L・ガーゼS、
ワッフルS・M・L、パイルS・M、
ワッフルパイルM(2枚) <14枚組>

Q&A
生理用布ナプキンへの質問と答え

Q 布ナプキンの特徴って何ですか？

A 「あたたかい・ムレない・カブれにくい」の3つです。使い捨てナプ
キンのムレやカブれに悩んでいる方も多いのではないでしょうか？
布ナプキンもショーツも同じ布なのですぐに身体に馴染み、つけ
ているのを忘れてしまうほどです。布ナプキンの通気性と肌触りの
良さを試してみて下さい。

Q ズレやモレが心配なのですが…。

A 布どうしはズレにくいので大丈夫。綿のショーツを使うのがおす
すめですが、カブれない方や初心者の方は生理用ショーツを使う
と、フィット感もあり防水加工もしてあるのでより安心です。
また、布は思っているよりもちゃんと吸収してくれます。使い捨
てナプキンよりも直液が中心に集中するため少ない漏れが少なく、
試вер間中も快適です。心配な方は、まずは使い捨てナプキンと併用
して使ってみましょう。

Q 洗うのに抵抗があるのですが…。

A 終わりかけの少ない日からトライしてみては？ 布は通気性が良い

Q このシンプルなかたちは何故ですか？

A 折ったり、重ねたり、と自分で使い方をアレンジできること。単
純な構造ほどその洗濯も楽になります。そして、置いてあるだけ
でもかわいい素材を選んでいるので、他の洗濯物と一緒に干して
いても気になりません。また、ハンカチ、ふきん、ランチョンマッ
ト、カトラリーホルダーなどとしても使えます。いろんな使い方
を試してみて下さい。

Q 洗濯後の型くずれが気になります。

A 洗った後に形を整えながら干すことをおすすめします。特にスナッ
プナプキンなどの異なる素材を組み合わせているものは念入りに
してください。廃材生地も種類により縮み率が異なりますが、使
い込むうちに肌に馴染んでくるので。それも受け止めて風合いを
楽しんでみてください。

Q 布ナプキンの良いところは？

A 「生理痛が軽くなる」「血量が減る」「カブれなくなった」「生理

「小冊子さくや」 さくや工房　2001～2002年

「乙女・日本のなつかしいもの」がテーマのインディーズマガジン。私にとっても興味のあるテーマだったので、楽しみながらつくりました。編集者と話し合って折り紙のようなパッケージに決めました。

今までにつくったインビテーションカードやフライヤーの数々。予算の少ないプロジェクトが多い中、版型や色数や用紙の選び方など、工夫しどころが満載です。折り方をちょっと変えるだけで新鮮なデザインになることも。

フリーペーパー『dictionary』特別企画「mother」 クラブキング 2001 ～ 2002 年

「エコバッグ」（財）ジョイセフ　クラブキング　2007年

1999.8　1 2 3 4 5 6 7 8 9 10 11 12 13 14 15 16 17 18 19 20 21 22 23 24 25 26 27 28 29 30 31

SALON

「展示会インビテーション」
modern masterpiece　1999〜2001 年

「大貫妙子　ツアーパンフレット」
2002 年

音楽のデザイン

CD jacket design

音楽のグラフィックをつくるときは、アーティストに
会ってじっくりと話し込み、考えや思いを聞き、ビ
ジュアルを一緒につくりあげていく、という感覚が
あります。音を具体的にビジュアルに落とし込む、
というのは、時に難しく、「まず、イメージする色を
決めよう」なんていうこともあります。

「シトラス e.p」advantage Lucy
東芝 EMI　1998 年

「Hello mate!」advantage Lucy
東芝 EMI　1998 年

「めまい」advantage Lucy
東芝EMI　2000年

フリーになって間もないころに手がけたCDジャケット。ソリマチアキラさんや高田理香さん、長崎訓子さんといった大好きなイラストレーターと一緒に仕事ができたこと、はじめて自分らしいデザインができたことがとてもうれしく、忘れられない作品です。

「station」advantage Lucy
東芝EMI　2000年

「note」大貫妙子
東芝EMI　2002年

ビジュアルの裏テーマは映画「アメリ」。撮影の
話し合い中、ふと大貫さんが映画について話し
出したことがきっかけとなり、みんなで映画を
観てイメージを共有してから撮影に挑みました。
写真は黒須みゆきさんです。

「angle」moona
Pacific Marketing Corporation　2003 年

「JOY」novaFASE
ORANGE RECORDS　2002 年

仲良しの moona とは、彼女が novaFASE とい
うユニットにいたころに出会いました。これま
た仲良しの網中いづるさんに絵を描いてもらい、
3 人がこのジャケットづくりで出会ったことが
きっかけで『RUSSIAN WORDS A-Z』(192 ペー
ジ) が生まれたのです。

「nova EP」novaFASE
ORANGE RECORDS　2002 年

「The Mozart Therapy vol.1 ～ 10」
Rock Chipper Records　2006年

和合教授の音楽療法で、不眠症や肩こりといっ
た症状をモーツァルトの音楽を聴いて直すという
CD。「高血圧のイラストってどんなの？」と、毎
回イラストのイメージを考えるのがおもしろかっ
たです。

「"t"」ODAGIRI JOE
日本コロムビア　2000 年

「Hawaiian Rhapsody」吉田拓郎
　　フォーライフレコード　1998 年

「Souls」山下久美子
東芝 EMI　2001 年

「神様の宝石でできた島 / 島唄」
THE BOOM　HATCHERY　2001年

「Groove Rock compilation vol.1」
DISCUS　2002年

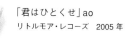

「君はひとくせ」ao
リトルモア・レコーズ　2005年

DVDピクチャーブック
「プチシアター vol.1　魅惑の一缶、ハーヴェイ、岩のつぶやき、パイロット」
「プチシアター vol.2　お坊さんとさかな、恋のかけひき、紙ヒコーキ、アパートの猫」
「プチシアター vol.3　鈴の約束〜サンタクロースの秘密〜」
発売：オフィスH　販売：アップリンク　2003年

カタログ・パンフレット

Brochure design

就職活動をしている学生向けの採用案内や、顧客に向けたパンフレットなどの仕事では、いつもとはちょっと違う引き出しを出すような感覚があります。より多くの人にその会社のファンになってもらえるように、難しいことをシンプルにわかりやすく伝えたいと考えています。

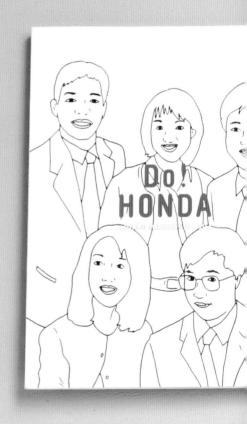

「会社案内」 本田技研工業　2000年

これから就職試験を受ける学生たちに向けてつくった採用パンフレット。HONDAで働くさまざまな職種の社員のかたにお会いして、ぐっと親近感がわきました。表紙イラストはヒロ杉山さんに描いていただきました。

Think!
HONDA

Future
AD2000年
21世紀 HONDA WAY

Philosophy   Dream   Personality

SUPPORT and HINT

会社案内「gift」
三菱東京UFJ銀行　2005年

会社案内
「見えないものを、信じること」
三菱東京UFJ銀行　2006年

会社案内「JOIN THE MAJOR LEAGUE」
三菱東京UFJ銀行　2005年

右ページは2年連続でつくった、絵本仕立ての
採用パンフレットの2冊。長崎訓子さんと網中い
づるさんという豪華な顔ぶれです。チャイクロイ
ンクという色鮮やかなインクを使って、より絵本
らしい仕上がりになっています。

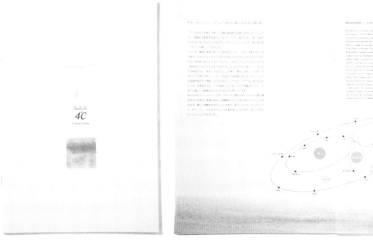

エフ・ディ・シィ・プロダクツが発信する、3つのブランド。

私たちは、喜びや感動をお客様と共に描いていくために。
さまざまなライフシーンにおいて、心と心をつなぐ「想い」を表現しています。
そして、そのカタチを3つのブランドとして発信しています。

会社案内
F.D.C.PRODUCTS　1999年

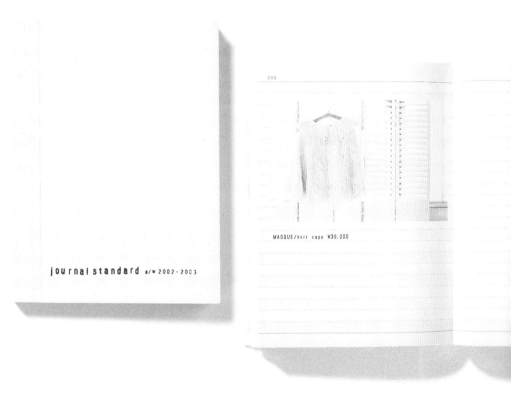

「journal standard 2002-2003 a/w カタログ」 ベイクルーズ　2002年

女の子が好きなものや、ほしいものをスクラップしたような、ノート仕立てのカタログです。中面には罫線を入れて、よりノートっぽく。山口由起子さんが万年筆のインクで描いたラフな感じのイラストも、全体のイメージにフィットしています。

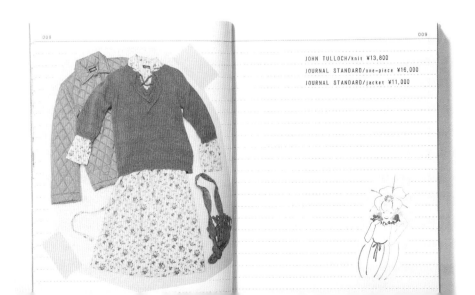

016

JOURNAL STANDARD/jacket ¥28,000
JOURNAL STANDARD/shirt ¥12,000
JOURNAL STANDARD/pants ¥12,000
ALLY CAPELLINO/bag ¥55,000
HIGH LAND 2000/muffler ¥5,800
GUIDI&ROSELLINI/boots ¥49,000

099

084

055

MASQUE/knit sox ¥9,800
SOIL/skirt ¥8,800

子どものための仕事

Design for kids

子どものためのものづくりをするとき、必ず思うことがあります。それは「子どもだからって子どもっぽい色を使わない」ということ。自然の中にあって12色のクレヨンの中にはない色、そんな色の存在を知ってほしいと思うのです。

『ものがたりレシピ』 幻冬舎 あべみちこ＝著 2007年

東京・町田にあるしぜんの国保育園の毎日の給食レシピを一冊にまとめたもの。絵本にちなんだメニューが満載です。のびのびした幼稚園の空気感をそのまま伝えたいと思いました。

パセロリスープ

お野菜ゴロゴロのあったかホワイトシチュー。
野菜や台所の道具たちはおしゃべりするのかな？
皆が寝静まった頃に、耳をすませてごらん。
歯ごたえのいい具がいっぱいの
パセロリスープをパクリ。
ほら、野菜が、なにかつぶやいたみたいだよ。

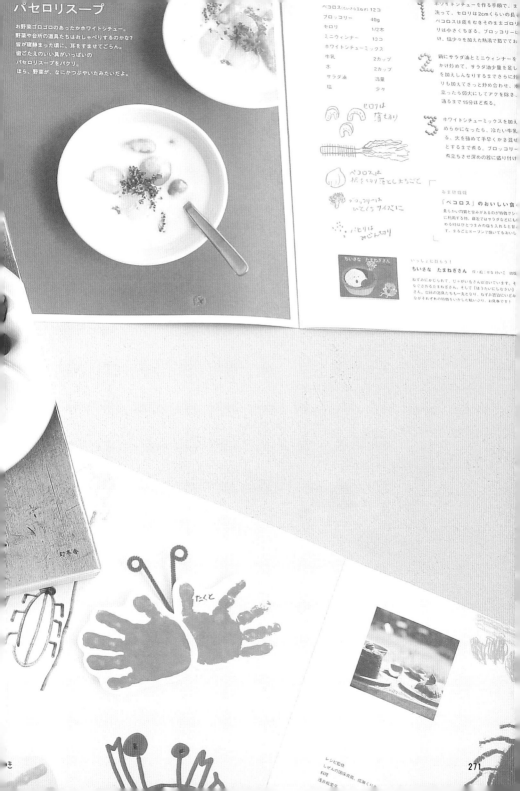

ペコロス（ちいさな玉ねぎ）12コ
ブロッコリー　40g
セロリ　1/2本
ミニウィンナー　12コ
ホワイトシチューミックス
牛乳　2カップ
水　2カップ
サラダ油　適量
塩　少々

ホワイトシチューを作る手順で、ま
洗って、セロリは2cmくらいの長さ
ペコロスは皮をむきそのままゴロ
リは小さくちぎる。ブロッコリーに
け、塩少々を加えた熱湯で茹でてお

鍋にサラダ油とミニウィンナーを
かけ炒めて、サラダ油少々量を足し
を加えしんなりするまでさらに
りも加えてさっと炒め合わせ、水
立ったら弱火にしてアクを除き、
通るまで15分ほど煮る。

ホワイトシチューミックスを加え
めらかになったら、冷たい牛乳
る、火を強めて手早くかき混ぜ
とするまで煮る。ブロッコリー
煮立たせ深めの器に盛り付け

セロリは
薄切り

ペコロスは
根を切り落としまるごと

ブロッコリーは
小さくサイズに

パセリは
みじん切り

むまけ自福
「ペコロス」のおいしい食
まるかい肉質と甘みがあるのが特徴でシ
に利用する他、丸ごとはサラダなどにも
める付はひとつまみの塩を入れると
す。まるごとオーブンで焼いてもおいし

いっしょに住もう！
ちいさな　たまねぎさん　作・絵：さな けいこ 出版
ねずみにかじられて、じゃがいもさんはほいています。そ
なぐさめるたまねぎさん。そして「はうちにしなさい」と
さん。台所の道具たちも一丸となり、ねずみ送出にいどみ
ながそれぞれの特徴をいかしたり頑り、お見事で

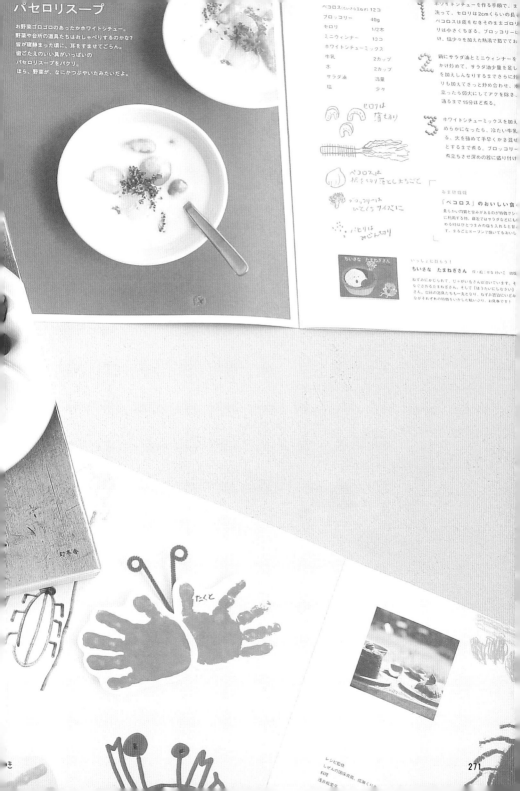

たくと

切今物

レシピ監修
しぜんの国保育園、成海くらぶ
料理
浅野総美子

「スモック」
パール幼稚園　2006年

「体操服・通園バッグ・タオル」　パール幼稚園　2006年
すくすくと育ちますように、という思いを込めて、子どもたちのために植物をモチーフにした図案をつくりました。

「体操服」「通園バッグ」
パール幼稚園　2006年

273

「食器」
宮前幼稚園　2005 年

ゆうびんはがき

しぜんの国のお話

しぜんの国保育園は、昭和54年に町田市忠□
されました。豊かな緑に囲まれた園庭には、
子どもたちの声が響きます。園内には、動物や
しぜんの国の人気者、鹿のこうめちゃんや、
のこんちゃんが暮らしています。そしてな□
ても、しぜんの国の子どもたちは「くいしん□
お友だちがいっぱい。おいしい物語メニュ□
するランチタイムは、いちだんと会話が弾んで

しぜんの国分園 風の丘のお話

風の丘は、しぜんの国の近くにある分園です
1歳の子どもたちが、生活をしています。風□
い静かな丘の上でゆったりと育ってほしい□
いから、この名前がつきました。

社会福祉法人 **東香会 しぜんの国保育園**
http://www.toukoukai.org
開所時間 午前7時〜午後6時 (11時間保育)
＊延長保育 午後6時〜午後7時 (+1時間) ＊日曜・祝祭日・年末年始以外

小田急線または横浜線「町田駅」下車、神奈中バス下山崎行、または小山田桜台行にて、忠生二丁目下車、徒歩4分。

しぜんの国保育園　　　　　　　分園 風の丘
住所 町田市忠生2-5-3　　　住所 町田市忠生2-7
電話 042-793-4169　　　　電話 042-793-2889
敷地 2179.81㎡　　　　　　敷地 470㎡
総定員 115名　　　　　　　　総定員 29名

姉妹園 成瀬くりの家保育園 町田自然幼稚園
正和幼稚園 草苗保育園 クローバー保育園 豊州□

「幼稚園のご案内 DM」 東香会 しぜんの国保育園　2007年

文字のデザイン

Typographic design

情報を伝えるためのデザインには言葉が大きな意味
を持ちます。手描き風の文字をロゴタイプにしたり、
古い印刷物の活字をトレースしたり、オリジナルの
フォントをつくったりして、絵や写真に合うような
タイポグラフィデザインを考えています。

みづゑ

JAPANESE
TRADITIONAL
CANDY

カンロ飴

レイン
レイン
レイン・ボウ

くさまくら

1.雑誌タイトルロゴ『みづゑ』 美術出版社 2.パッケージロゴ カンロ飴発売 50 周年記念 カンロ株式会社 2005 年 3.書
籍タイトルロゴ『レインレイン・ボウ』 集英社文庫 加納朋子＝著 集英社 2006 年 4.書籍タイトルロゴ『くさまくら』花
神社 白井明大＝著 2007 年

salvia scandinavian diary

ショップイメージ グラフィックス イン ロンドン
SHOP IMAGE GRAPHICS
IN LONDON

The Princess Diaries

5. 書籍タイトルロゴ『サルビア北欧案内』 ピエ・ブックス　セキユリヲ＝著　2005 年　6. 書籍タイトルロゴ『ショップイメージ グラフィックス イン ロンドン』ピエ・ブックス　2007 年　7. 書籍タイトルロゴ『プリンセス・ダイアリー』メグ・キャボット＝著 金原瑞人・代田亜香子＝訳　河山書房新社　2002 年

ささやかンフレグランス

つややかシトラス

きよらかマリン

うららかサボン

SAVE
MOTHER
FROM
AIDS

ea

リ：フォルム
Re;foRm

1. パッケージロゴ「do&be」エフティ資生堂　2005年　2. キャンペーンロゴ「SAVE MOTHER FROM AIDS」クラブキング
2006年　3. 社名ロゴ「ea」2001年　4. ブランドロゴ「Re;foRm」コッカ　2006年

サルビア手帖　サルビア

Salvia

Salvia roomy

ぞうの
せなか

ちいさな
ふゆのほん

5. パッケージロゴ「サルビア手帖」マークス　2007 年　6. ブランドロゴ「サルビア」2000 年　7. ブランドロゴ「salvia」2005 年　8. ブランドロゴ「salvia roomy」2006 年　9. 書籍タイトルロゴ『ぞうのせなか』秋元康・網中いづる＝著　講談社 2007 年　10. 書籍タイトルロゴ『ちいさなふゆのほん』ヨレル・クリスティーナ・ネースルンド　クリスティーナ・ディーグ マン＝著　福音館　2006 年

сáльвия
поéздка
покýпки
есть
ходйтв
встречбтв
бэропорт
мщинб
трбмвби

ロシア語フォント　2003年　ロシアを旅して覚えた言葉を手描きのフォントにしました。上から「サルビア」、「たび」、「お買いもの」、「食べる」、「歩く」、「出会う」、「空港」、「車」、「電車」。

ABCDEFGHI
JKLMNOPQR
STUVWXYZ
abcdefghi
jklmnopqr
stuvwxyz
0123456789

stamp フォント　2004 年　手持ちのスタンプを紙に押し、ひと文字ずつトレースして微調整したフォント。インクのに
じみまで表現し、ディティールにこだわりました。キーボードで打てるようになっています。

Re;foRm

竹久夢二がのこした大胆で鮮やかなグラフィックデ
ザインは、今もまったく色褪せることはありませ
ん。東京・根津の竹久夢二美術館監修のもと、夢二
のグラフィックを現代の暮らしに息づかせる活動を
はじめました。古きよきものをあたらしく。それが
Re;foRm（リフォルム）のコンセプトです。

リリカラの壁紙

1枚で部屋の印象をがらりと変える壁紙。のびやかな図案は壁に貼ると動き出しそうに見えます。夢二の木版画作品のタッチをなるべく再現しようと、フレキソ印刷という段ボールや襖に使われる印刷方法を試みています。

ichigo＝green × red, beige × orange
mame＝green × red, beige × blue
icho＝beige × blue, brown × orange,
　　　beige × white, white × bluegray
shima＝beige, blue, green, red
yomogi＝green × white, brown × blue

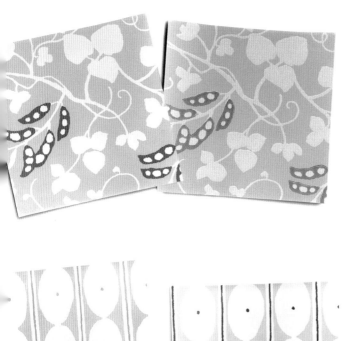

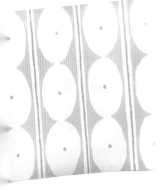
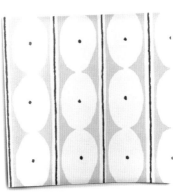
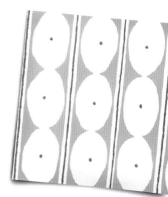

コッカのテキスタイル

やわらかなリネンや薄手のコットンなど、柄ごとに素
材にこだわったテキスタイルです。カーテンやクッ
ションなどのインテリアファブリックから、バッグや
スカートなど身につけるものまで、アイデア次第でい
ろいろ使えます。

bara = pink, purple, red
kusa-no-mi = white, beige, brown
shima = dark orange, blue, green
yonashi petit = light yellow, blue gray, dark gray
yonashi grand = light yellow, light blue, dark gray

cca Re:foRm   yumeji takehisa × yurio seki   cocco

マークスのステーショナリー

レターセット、千代紙、ぽち袋など、夢二もつくって
いたステーショナリーに、包装紙やがま口などの乙女
アイテムを加えました。机の上がはなやかになります。
使って楽しい、贈ってうれしいものばかりです。

boxed letter set = cherry
2007-2008 diary = pear
notebook = apple, strawberry
stamp set
patterned paper = strawberry

memo pad = pear
greeting card = apple
pochi mini bag = apple
wrapping paper = cherry

album = pink, blue,
tote bag = red
pouch = pink
pen case = blue
mascot = elephant, bird, cat
stuffed animal = elephant, bird, cat

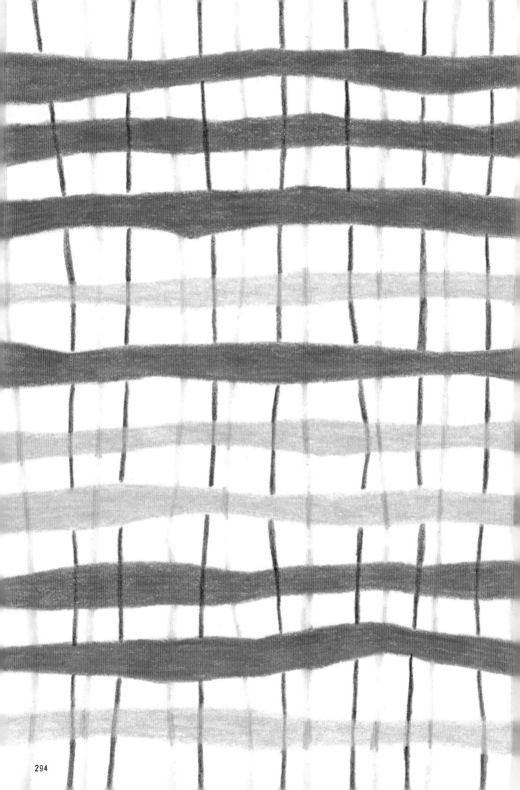

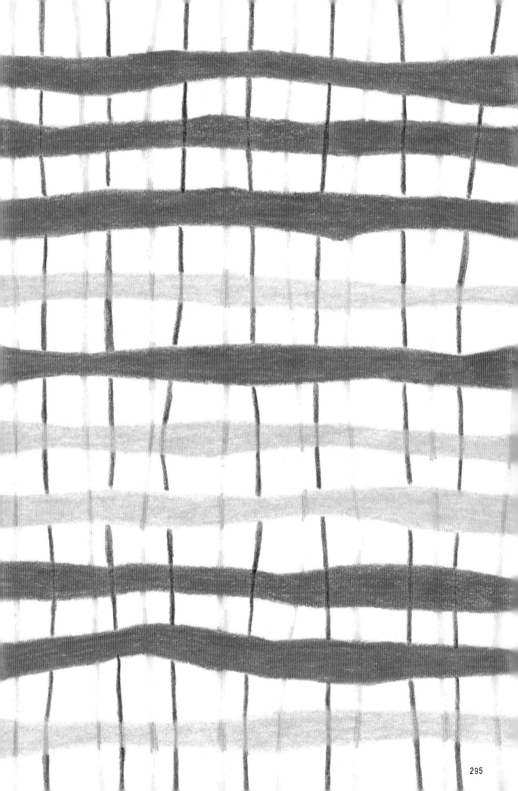

これまでの
道のりと
大切にしていること

chapter 1

グラフィックデザイナーに
なる前のこと

小さいころから絵を描くのが好きで、小学3年生の
ときに「ファッションデザイナーになりたい」と文
集に書いたり、「漫画家になりたい」といったりし
ていました。高校生のころは、音楽やファッション
に興味があって、古着をアレンジしたりしていまし
た。受験のときも、絵を描くのが好きだし得意だか
ら、絵の能力を伸ばせる学校に行きたいな、って漠
然と考えていたくらい。グラフィックデザイナーに
なりたいとは考えていなかった。

遠回りだと思ったけれど

美大に行くことを家族に反対されてしまったのです
が、ものづくりの勉強ができる学校に行きたくて、
短大の幼児教育学科に進学しました。その学科では
絵本や幼児美術の授業があって、やりたいことに近
いだろうと思ったんです。あまり積極的な学生では
なかったけど、今になって考えると、絵本の装丁や
幼稚園のためのデザインなど子どものことを考える
仕事をするようになって、あの学校で学んだことが
役に立っていると思います。

本当にやりたいこと

短大を卒業した後、就職をしようと考えました。最
終的にある出版社で内定をもらったけれど、制作職
希望が結局は事務職での採用。仕事が合わなくてす
ごくつらかった。やっぱり美大に行こうと思い、社
会人優先枠のある多摩美術大学の2部を受験するこ
とにしたんです。制作部の上司のかたが力になって
くれて、お昼休みにデッサンを教えてくれました。
仕事と受験勉強の両立は体力的にも大変でしたが、
なんとか合格することができました。

chapter 2

ものづくりの出発点は
美大時代

美大に入って、はじめて自分が自分でいられる場所
を見つけた気がしました。まわりの友達が同じ方向
を向いていて、同じような価値観を持っていること
がとてもうれしかった。専攻は、デザイン学部のデ
ジタルコミュニケーション学科。眠る時間、食べる
時間を削りながら、学ぶことに没頭した日々。授業
と関係なく、友達とフリーペーパーをつくったりも
しました。ちょっとでも時間が空くと美術展に行っ
たり、映画を見たり、いろんなことを吸収しようと
していましたね。

編集の経験

大学は夜間だったので、昼間は同じ会社で働いてま
した。制作部に入って、編集とレイアウトの仕事を
しました。取材に行ったり構成を考えたりと、わず
かな時間でしたが編集の仕事を経験できたことは、
『季刊サルビア』という雑誌づくりや『みづゑ』の
アートディレクションといった仕事に生きていると
思います。「遠回りした」と思っていたけれど、今
になって振り返るといろいろ経験したことが自分の
糧になっているのだなと思います。

感性と出会った職場

大学生活の後半から、グラフィックデザイナーのサ
イトウマコトさんの事務所で働いていました。その
ころのわたしは何も知らなくて、仕事をするという
より教わることばかり。今までよりもっと広い世界
や上質なものを見せてもらうことで、感性や感覚を
体感するという感じでした。まだ自分の中に「感性」
を見つけられていなかったけれど、いろいろなこと
を吸収しながら、自分が好きだと思うデザインの方
向性にたどり着いたような気がします。

HOW
FAS
AR

CONS
LIKE

BY
ANDREW COULT

henri matisse

chapter 3

フリーランスの
グラフィックデザイナーになる

大学卒業後、体調を崩して仕事を控えていたとき、友人が音楽関係の会社を立ち上げるタイミングで声をかけてくれました。さまざまなアーティストのCDジャケットのデザインを手がけるようになり、そんな中で出会ったのが「advantage Lucy」というバンドでした。この仕事でずっと好きだったイラストレーターのかたと一緒に仕事をしたことがきっかけで、自分の好きな世界観を表現する「自分らしいデザイン」を見つけられたように思います。

描くことをはじめた場所

結婚をして、代官山の「うぐいす住宅」という築40年くらいの公団分譲住宅に住みはじめました。建物のまわりにたくさん木が生い茂る環境だったので、はじめは遊び半分で木や葉っぱをスケッチするようになりました。自分が描いたスケッチを素材にしてパターングラフィックが生まれ、そこから洋服や雑貨づくりへと発想が広がっていきました。うぐいす住宅は、ゼロからすべて自分でつくることを気づかせてくれた場所なのです。

サルビア誕生

最初につくったプロダクトは、図案と自分の名前と連絡先を印刷したマッチ。名刺代わりにしていたら、ギャラリーの人が興味を持ってくれて、半年後に展覧会をすることが決まりました。それから図案を布にプリントしたり、陶器に焼きつけたりと、業者をネットで探していろいろな雑貨をつくりました。この活動の名前を決めようということになって友達と考えたのは、60年代にあった喫茶店みたいな名前。こうして「サルビア」が誕生したのです。

chapter 4

大切にしていること

手に取るものだから

わたしの仕事の大半は、本やパッケージデザインや雑貨など、手で触るものをつくること。だから、触ったときに心地いい手触りを心がけて、素材選びを大切にしています。そして、パッケージデザインでも、本の装幀でも、見た目の美しさはもちろん、「長い間持っておきたい」と思ってもらえるものになるよう努力を重ねています。今の世の中はたくさんのもので溢れているけれど、できる限り消費されないものをつくりたいと思っています。

大人になって気づいたこと

音楽やファッションはずっと好きなものでした。でも大人になって気づいたのは、日本の伝統工芸の美しさです。きっと子どものころから古い家に住んで、古いものを見て育ったからなのでしょう。茶道のお稽古を続けているのも、着物が好きなことも、祖母や母の影響ですね。こういうものがわたしの核になっているような気がします。そして、年を重ねるごとに好きなものの引き出しの数が増えていくのは、とても豊かなことだと感じています。

人と人のつながり

仕事でもサルビアの活動においても欠かせないのは、人とのつながりです。サルビアのようにものをつくって発信していると、一緒にやりたといってきてくれる人たちもいて、その人たちからまた刺激を受けます。身近なところに才能を持った人がいることもありますし、身近な人から輪が広がってすごい人と出会うこともあります。振り返ってみると、人との縁って本当に不思議なもの。だからこそ、それぞれの出会いを大切にしたいと思うのです。

セキユリヲのデザイン

2007年12月5日　初版第1刷発行

著者　　　　セキユリヲ
デザイン　　セキユリヲ＋ea
執筆　　　　伊部玉紀
撮影　　　　大段まちこ (p10〜25)　高橋ヨーコ (p72〜93)
　　　　　　村上圭一　武田苺禾 (p282〜293)　セキユリヲ (p296〜320)
モデル　　　葛城梢
撮影協力　　colobockle (p72〜93)　リムアート　monokraft
翻訳　　　　パメラ・三木
編集　　　　高橋かおる

発行人　　　三芳伸吾

発行元
ピエ・ブックス
〒170-0005　東京都豊島区南大塚 2-32-4
編集 TEL：03-5395-4820　FAX：03-5395-4821
営業 TEL：03-5395-4811　FAX：03-5395-4812
http://www.piebooks.com
e-mail: editor@piebooks.com
sales@piebooks.com

印刷・製本　　株式会社東京印書館

旅の写真

Travel photos

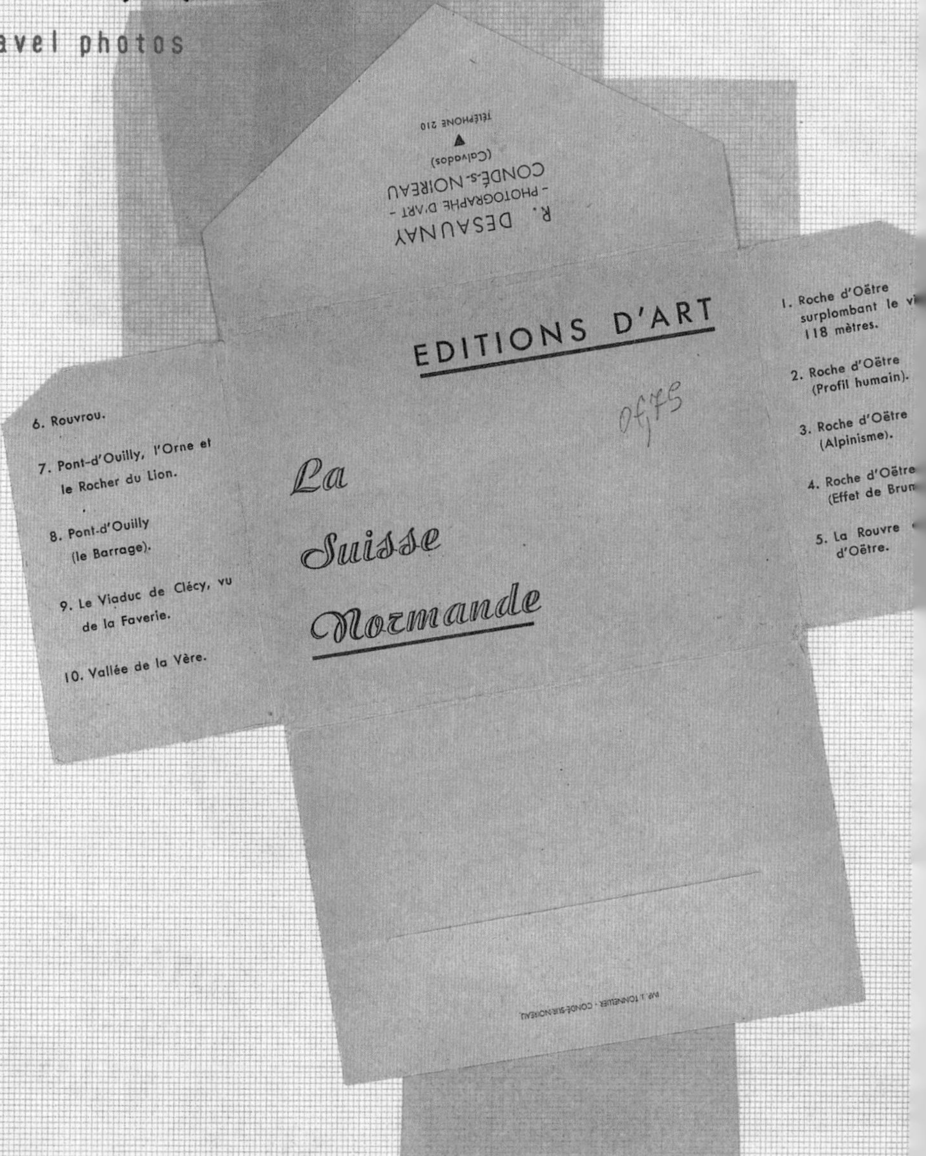

BOCQUET

3, rue des Poitevi...
Tél. : 01 43

RELAIS
FOURNITURES

8 - JUI...

T 30-00
+ 30-00

OLIVES AU CHOIX

OLIVES MAXOU
SPÉCIALITÉS NIÇOISES
PRÉPARATION
ARTISANALE

PRIORITAIRE PRI...
ORITAIRE PRIORITY
PRIORITAIRE
PRIORITY.
PRIORITAIRE
PRIORITY

MOUTARDE
DOUCE
SUPER VELOUTA
.

どこの国に行っても楽しみなのが市場。
南フランスのマルシェはとれたる野菜がおいしい

2005 Denmark

北欧ではものづくりの工房や
子ども服のお店を訪ねました。

10 klip 105 kr.

2 zoner

オランダは自転車とデザインの国。
看板を見ているだけで楽しい。

FIETSERS
AFSTAPPEN

PRIORITY
PRIORITAIRE

Bliz.

N⁰ Reductie Afgiftepunt 778, 21 .1210 19

Via

H DELFT ROTTERDAM C.
Dagretour
19.02.06
Geldig tot en met

☑ / ℝ Nede

warmte-krachtcentrale

2006 Vietnam

たばこ
植物園観覧券売場

植物園観覧券
BOTANICAL GARDEN TICKET
大人　¥330
ADULT　中学生以上
小人　¥110
CHILD　小学生
OPEN AM 9.00～PM 4.00
どなたも有料です。但し入学前小学校は無料

昔ながらの風景が残る
日本も捨てたものではありません。

おしまい